드론비즈니스

국립중앙도서관 출판예정도서목록(CIP)

드론 비즈니스 / 고바야시 아키히토 지음 ; 배성인 옮김. — 서울 : 안테나 : 마티, 2016
224p. ; 148 x 210mm

원표제: ドローン・ビジネスの衝撃 : 小型無人飛行機が切り開く新たなマーケット
원저자명: 小林啓倫
색인수록
일본어 원작을 한국어로 번역
ISBN 979-11-86000-25-0 03320 : ₩15000

드론(비행체)[drone]
무인 항공기[無人航空機]

559.34469-KDC6
623.7469-DDC23

CIP2015033811

일러두기

1. 원문에 나오는 인명, 지명, 회사명, 전문용어 등 외래어는 국립국어원 외래어 표기법에 따랐습니다.
2. 달러(엔)→달러(원), 엔→엔(원), 유로(엔)→유로(원), 호주달러→호주달러(원)로 표기했습니다.
3. 2015년 10월 28일 자 환율에 따랐고 돈의 단위에 따라 적절히 반올림했습니다.
4. 화폐 단위를 (원)으로 표기한 부분을 제외하고 본문에 나오는 ( ) 속 설명은 저자 주입니다.

THE SINGULAR IMPACT OF DRONE BUSINESS

드론비즈니스

고바야시 아키히토 지음 | 배성인 옮김

하늘을 나는 점원, 롯폰기에 출현하다

2015년 3월, 롯폰기에 있는 도쿄 미드타운의 한 이벤트홀에서 "붕" 하는 프로펠러 소리가 울려퍼졌다. 소리의 주인공은 소형 무인비행기 '드론'이었다. 회전날개(로터, rotor)가 4개인 쿼드콥터라고 불리는 드론이었다. 그것이 자동으로 하늘을 날아 높은 곳에 진열된 신발을 가져다주는 퍼포먼스가 펼쳐지고 있었다. '공중 스토어'라는 이벤트로, 신발 제조업체 크록스가 새롭게 발매한 초경량 스니커의 프로모션이 3일 동안 진행되었다.

공중 스토어가 열린 곳은 도쿄 미드타운 내 아트리움이라 불리는 천장이 높은 공간이었다. 그곳에 높이 5m, 폭 10m, 깊이 6m의 거대한 진열장이 설치되었다. 이벤트는 관객이 직접 참여하는 형식으로, 미리 번호표를 받은 뒤 순서가 되면 참가자가 지정한 신발을 드론이 가져다주

크록스의 이벤트 '공중 스토어'. 제공: 버드맨

었다. 참가자는 진열대로부터 조금 떨어진 위치에 놓인 태블릿 단말기에서 원하는 신발을 고른다. 그러면 드론이 날아올라 참가자가 지정한 신발을 향해 이동한다. 각각의 신발에는 지름 16cm의 금속제 철판이 붙어 있는데 드론은 그 철판을 전자석 팔로 잡아서 들어 올린다. 그러면 금속제 철판에 신발이 매달린 채 운반된다. 드론은 가져온 신발을 목표 지점에 준비된 바구니 안으로 살포시 떨어뜨린다. 드론의 움직임은 모두 자동으로 제어되니 참가자는 신발을 고르고 나서는 기다리기만 하면 된다. 스태프들도 긴급 상황을 제외하고는 나서지 않는다. 그야말로 '하늘을 나는 로봇 점원'인 셈이다.

단, 안전을 고려해 진열장이 설치된 부근에 그물 펜스를 쳐놓아 드론은 그 공간 안에서만 날아다녔다. 드론이 신발을 넣는 바구니도 펜스 안쪽에 있었다. 시도하는 족족 성공했다면 사람들의 호응이 그리 오래가지는 못했을 것이다. 손님이 고른 신발의 위치를 정확하게 맞추지 못하거나 바구니 안에 완벽하게 골인을 못시키는 등 드론은 종종 심부름에 실패해 사람들의 이목을 더욱 집중시켰다. 나 또한 딸아이와 함께 드론을 '조작'해봤는데 드론은 우리가 지정한 신발을 들어 올리지 못했다. 우리는 빈손으로 면목 없다는 듯 돌아온 드론을 신기해하며 바라보았다. 곧바로 다른 이의 주문을 처리하러 날아오르는 드론을 보고 있자니 응원을 보내고 싶은 마음까지 들었다. 행사장에 몰려든 관객들(아트리움은 천장이 3층까지 뚫려 있어서 2층과 3층에도 사람들이 모여 있었다)도 같은 생각이었는지 드론이 스니커를 성공적으로 잡을 때마다 박수갈채가 쏟아졌다. 조작이라고 해봤자 태블릿에서 상품을 고르는 것뿐이었지만 한번 해보겠다는 지원자가 물밀 듯이 몰려들었다. 1시간 간격으로 배부하는 이벤트 번호표는 나눠주기 시작하자마자 눈 깜짝할 사이에 동났다.

하늘을 향한 동경

프랑스 국립도서관에는 지금으로부터 1세기 이상 전인 1910년에 그려진 〈서기 2000년 미래 예상도〉가 있다. 원격조작으로 건물을 짓는 로봇과 거대한 비행선, 전선을 통해 책 내용을 사람 머릿속으로 전송하는 장치 등 상상의 나래가 맘껏 펼쳐진 그림이다. 그림 속에는 하늘을 자유자재로 오가는 사람이 자주 등장한다. 일인승 비행기를 타고 도시 상공을 날아다니는 사람과 하늘에서 비행기를 단속하는 경찰관, 등에 박쥐 날

공중 경찰: 하늘을 나는 경찰관을 그린 〈서기 2000년 미래 예상도〉. 1899~1910년 무렵 담뱃갑이나 엽서에 실렸던 그림

개 같은 장치를 달고 하늘에서 불을 끄거나 구명 활동을 하는 소방관, 헬리콥터 같은 기계를 타고 하늘에서 야간 정탐활동을 하는 사람 그리고 비행기용 드라이브스루(drive-through)를 이용해 비행기에 탑승한 채로 상공에서 음료수를 받아드는 사람 등등. 다양하게 하늘을 활용하는 방법을 상상해서 그려놓았다.

생각해보면 미래 사회를 상상한 그림이나 SF 작품에는 '반드시'라고 해도 과언이 아닐 정도로 하늘을 나는 기계가 등장한다. 하늘을 자유자재로 이동하고, 하늘이라는 공간을 이용하는 능력에는 인간의 꿈을 자극하는 무언가가 있는 듯하다. 인터넷 소액결제 서비스인 페이팔의 창업자이자 벤처 캐피털 계의 거물이라 불리는 피터 티엘도 이런 말을 했다. "하늘을 나는 자동차가 갖고 싶었는데, 손에 넣은 것은 140글자다."

트위터를 개발하는 정도에 만족하지 말고 더 원대한 뜻을 가지길 바란다는 뜻에서 기업가에게 던진 말이지만, 그의 조언에서조차 '하늘을 나는 자동차'가 등장하는 걸 보면 하늘을 동경하는 마음은 100년 전이나 지금이나 변하지 않은 듯하다.

그런데 피터 티엘의 '하늘을 나는 자동차'가 여전히 꿈이기만 할까? 100년 전에 그려진 풍경처럼 소형 비행기가 하늘을 떠다니는 미래가 아직 오지는 않았다. 하지만 앞서 소개한 '공중 스토어'를 보면 조금씩 그런 시대에 가까워지고 있다는 사실을 알 수 있다.

스니커를 가져다주는 정도로 뭘 그렇게 호들갑을 떠냐고 나무라는 독자도 있을 것이다. 그렇다면 미국 벤처 기업 매터넷(Matternet)을 떠올려 보자. 물건(Matter)의 그물(Net)이라는 기묘한 이름의 회사가 구축하려는 것은 그야말로 이름 그대로의 시스템이다. 매터넷은 자율적으로 움직이는 드론을 곳곳에 배치하여 릴레이 방식으로 먼 곳까지 물건을 옮기는 하늘의 배송 네트워크를 실현하려 한다. 이 책의 집필을 시작하는 시점에 2kg이하의 물건을 20km까지 운송할 수 있는 드론을 독자적으로 개발 중이었다. 아이티, 부탄, 파푸아뉴기니 등에서 실험을 마쳤고 2015년 여름에는 스위스 국제공항과 공동으로 스위스에서 시험 운행을 시작할 예정이다.

매터넷의 계획이 순조롭게 진행된다면 소형 비행기가 분주하게 낮은 하늘을 날아다니는, 마치 SF 영화의 한 장면 같은 광경이 눈앞에 펼쳐질지도 모른다. 너무 앞서간 생각일까?

신흥기업 매터넷은 개발도상국에 운송 네트워크를 구축하려 한다 ⓒ아사히신문

　나는 그렇지 않다고 본다. 그들의 계획은 실현될 만한 확실한 장점을 갖고 있다. 매터넷이 아프리카 레소토 왕국의 마세루 지역을 대상으로 벌인 사례연구 따르면, 50개의 거점을 설치하고 150대의 드론을 도입할 경우 필요한 비용이 90만 달러로 산출되었다. 이 비용은 도로 한 차선을 2km 깔았을 때 드는 100만 달러보다도 적다. 지상에 도로를 건설하는 것보다 싸게 물류망을 정비할 수 있다는 계산이 나온다.

　물론 육로와 항공로는 옮기는 물건의 무게나 기후에 의한 영향 등 많은 차이가 있다. 이미 효율적인 물류망이 구축된 곳을 '드론 배송'으로 바꾸기는 어렵다. 그러나 개발도상국처럼 앞으로 인프라를 정비해야 하는 지역이라면 드론을 이용한 하늘을 나는 자동차가 오히려 비용이 더

적게 들 수 있다. 게다가 드론은 사람이 운전하는 장치가 아니니 쉴 필요가 없고 앞으로 더 빠른 속도로 성능이 향상될 것이다. 우리에게 전혀 새로운 물류 형태가 생겨나고 그럼으로써 사회의 모습이 완전히 새롭게 형성될지도 모른다.

이 책에 대하여

이 책을 쓴 목적은 '드론'이라 불리는 소형 무인비행기, 그중에도 비즈니스에 이용되는 드론이 어떻게 활용되고 있는지, 또 드론의 이용과 우리 사회의 변화가 어떻게 연결되는지 살펴보는 것이다. 더 구체적으로 파악하기 위해 지금 한창 연구 중인 드론 기술이나 드론을 운용한 실험 등 구체적인 사례로 살펴보려 한다.

1장 '왜 지금 드론인가?'에서는 이 책에서 다루는 '드론'이 무엇인지 정의하고 드론이 주목받는 이유와 앞으로의 기술 전개에 대해 살펴본다.
2장 '비즈니스영역을 다양화하라'에서는 비즈니스에 적용되는 드론은 어떤 특성이 있으며 주로 어떤 용도로 활용되는지 정리한다.
3장 '시스템에 연결하라'에서는 드론의 주요 활용 사례 가운데 큰 시스템의 일부로 드론을 도입시킨 예를 살펴보고 얼마나 큰 가치를 낳는지 분석한다.
4장 '관련 산업과 가치사슬을 엮어라'에서는 드론을 비즈니스에 활용하기 위해서 어떤 주변 기술이나 서비스가 필요한지 살펴본다.
5장 '법과 규제를 활용하라'에서는 드론이 안고 있는 여러 가지 과제를 정리한 뒤, 어떤 규칙이나 법규제가 부과될 예정인지 분석한다.

6장 '드론, 일상을 바꾸다'에서는 드론을 활용한 비즈니스가 우리 사회를 어떻게 바꾸고 있는지 매우 구체적으로 들여다본다.

또 이 책을 집필하면서 취재한 내용을 인터뷰 형식으로 각 장 끝에 소개했다. 어떤 기술이 어떻게 발전할지, 또 그 기술이 사회에 어떻게 보급될지를 정확하게 예측하기는 어렵다. 세계 최초로 유인 동력 비행기를 만들어낸 라이트 형제 중 한 사람인 윌버 라이트조차 주변 사람들에게 "인류는 천 년이 지나도 날 수 없을 것이다"라고 털어놓았다고 한다. 하지만 1903년 그들은 라이트 플라이어 호를 날리는 데 성공했다. 그리고 불과 11년 후인 1914년에 미국에서 최초로 정기노선을 운행하는 항공사가 탄생했다. 그 후 비행기는 미국 사회의 중요한 인프라로 순조롭게 발전해왔다. 드론도 비행기처럼 관련 인프라의 정비나 비즈니스 모델 확립이 급속하게 진행될 가능성이 있다. 모든 가능성을 부정하거나 예단하지 말고 지금 이 순간 일어나고 있는 일을 살펴보자.

차례
CONTENTS

CHAPTER 01

왜 지금
드론인가

드론이란 무엇인가

지금 현재 사회적으로 주목 받는 기술들은 모호하게 정의되는 경향이 있다. 빅데이터가 그렇고 소셜미디어가 그렇고 인공지능(AI)이 그렇다. 동시다발적으로 다양한 방향으로 개발 중이라서 그렇기도 하고, 유행에 뒤처지지 않으려 비슷한 기술까지 싸잡아 같은 이름으로 부르는 사람들 때문이기도 한데 아무튼 그러는 와중에 신기술의 영역은 조금씩 확대되고 깊어진다.

　드론도 예외가 아니다. 무인비행기를 영어로는 UAV(Unmanned Aircraft Vehicle)나 UAS(Unmanned Aircraft Systems), RPAS(Remotely Piloted Aerial Vehicle) 등으로 표기한다. 드론(drone)은 원래 '수벌'을 의미하는 단어로 무인비행기를 지칭할 때는 속칭에 지나지 않았다. 하지만 현재 상황을 보면

'드론'이라는 새로운 장르가 생겨나고 있는 듯하다. 그래서 본론으로 들어가기 전에 '드론'의 정의와 이 장이 어떤 분야의 드론에 초점을 두고 있는지 먼저 짚으려 한다.

우리가 흔히 알고 있듯 1903년 라이트 형제는 '라이트 플라이어 호'로 세계 최초 유인 동력 비행에 성공한다. 하지만 비행기를 '어떤 형식이든 동력으로 하늘을 나는 기계'라고 정의한다면 그 역사는 훨씬 더 거슬러 올라간다. 고대 그리스 시대부터 하늘을 나는 기계를 만들었다는 기록이 있다. 기원전 425년에 그리스 철학자 아르키타스가 기계적으로 작동되는 '비둘기'를 만들었다. 자세한 구조는 모르지만, 증기를 동력으로 이용해 200m까지 날았다고 한다.

그 후에도 다양한 형태의 무인비행기가 만들어졌다. 라이트 형제가 비행에 성공하기 7년 전인 1896년에도 천문학자 새뮤얼 랭글리(Samuel Langley)가 '에어로드롬'(Aerodrome)이라는 이름의 무인비행기를 개발하여 2km 이상 날리는 데 성공했다. 말하자면 비행기는 애초에 무인기에서 발전한 것이다.

드론 열풍이 보여주듯 현재까지 무인비행기 개발의 열기는 식기는커녕 훨씬 더 활발하게 연구되고 있다. 우리가 이용하는 여객기도 평상시에는 자동으로 조종되니 오히려 어떤 형식으로도 제어되지 않은 비행기가 갈수록 드물어진다고 보는 게 더 맞을 것이다. 미국 운송국은 2035년이 되면 연간 운용되는 무인비행기의 수가 유인비행기를 웃돌 것으로 예측한다.

그럼 요즘 우리가 '드론'이라고 부르는 단어가 언제부터 생겼으며 처음에는 무엇을 일컫는 말이었을까? 여러 가지 설이 있지만, 드론이라는 단어도 뜻밖에 역사가 길다.

제2차 세계대전 직전인 1935년, 영국 해군이 새롭게 개발한 무인 표적기 DH82B 퀸비(Queen Bee)의 시험비행을 했다. 당시 영국 해군은 무선으로 조종하는 무인표적기의 도입을 적극 권장했고 퀸비도 1947년 퇴역할 때까지 약 380기가 도입되었다. 이런 퀸비의 시험비행을 눈여겨보고 있던 사람이 미국 해군 대장 윌리엄 H. 스탠들리(William H. Standley)였다. 무인표적기라는 아이디어가 마음에 든 그는 미국으로 돌아가서 델마 S. 페르니(Delmar S. Fahrney) 중령에게 같은 종류의 비행기를 개발하라고 지시했다. 그때 페르니 중령이 무인표적기를 일컫는 '퀸비', 즉 여왕벌의 오마주로 '드론'이라는 단어를 사용하면서 무인비행기를 드론이라는 이름으로 부르기 시작했다.

처음에 그렇게 부른 사람이 누구였든지 간에 1930년대 후반부터 드론은 '무선으로 조종하는 군사용 무인비행기'를 일컫는 단어로 사용되었다. 이야기가 조금 빗나가지만, 페르니 중령이 미국에서 무인표적기 개발에 뛰어들었을 때 곁에서 도와준 사람이 취미로 모형 무선조종기를 개발하던 배우 레지널드 데니(Raginald Denny)였다고 한다. '드론은 애초에 군사기술에서 시작되었다'고 해석하는 사람도 있지만, 드론의 역사를 찬찬히 거슬러 올라가보면 뿌리 중 하나는 '완구'다.

그 후 군사용 드론은 조금씩 천천히 발전해 왔다. 처음에는 인간이 무선으로 조종하여 표적으로만 사용했지만, 점점 발전하여 높은 자율성과 공격 능력까지 갖추게 되었다. 현재는 지구 반대편에서 날고 있는 드론을 조종해 드론에 탑재된 카메라가 찍은 영상을 확인하면서 대상물을 공격할 수 있을 정도다. 이 군용 무인비행기가 2000년대에 아프가니스탄 분쟁이나 이라크 전쟁 등에 투입되었고 드론의 활약상이 미디어에 크게 보도되면서 '드론＝고성능 무인비행기'라는 이미지가 일반인의 머릿속에 자리 잡기 시작했다.

여기에 편승하여 2000년대 후반부터 차세대형 무선조종 헬리콥터가 개발되기 시작했다. 그때까지 취미용 무선조종 헬리콥터는 일반적인 헬리콥터와 같이 싱글로터(Single Rotor) 식의 비교적 크고 값비싼 물건이 많았으며 대부분 수동으로 조종해야 했다. 즉 조작에 서투른 초보자가 쉽게 다룰 수 있는 물건이 아니었다. 실외의 넓은 공간에서 날리면서 조종기술을 익히며 즐기는 것이 종래의 무선조종 헬리콥터였다.

하지만 새롭게 등장한 무선조종 헬리콥터는 여러 개의 회전날개를 가진 멀티로터 식이 많고 실내에서도 날릴 수 있는 크기가 되었다. 또 제품에 따라 성능의 차이는 있지만, 비행할 때 기체를 안정시키는 자동제어 기능이 장착되어 있어 초보자도 약간의 조작기술만 익히면 쉽게 날릴 수 있게 되었다. 더군다나 GPS(위성항법장치)를 탑재하여 문제가 발생할 경우 자동으로 출발한 지점까지 되돌아오는 기종까지 나왔다. 이제는 조종의 즐거움뿐만 아니라 헬리콥터를 띄워 공중촬영 하는 등 다양한 용도로 활용할 수 있게 되었다.

외견상의 발전과 뛰어난 성능이 군사용 드론을 방불케 해서인지 차츰 취미용 소형 무인기에도 '드론'이라 단어를 사용하게 되었다. 개중에는 '드론'이라고 부르는 특정 제품까지 등장했다.

프로펠러로 공중에 떠 있는 기체를 아이폰으로 조작하는 'AR 드론' ©아사히신문

이런 무선조종 헬리콥터를 대표하는 모델이 2010년 프랑스 패럿 (Parrot) 사가 발표한 'AR 드론'이다. AR 드론은 이른바 쿼드콥터(회전 날개 4개를 사용하는 헬리콥터)로 발매 당시 가격이 4만 엔(약 38만 원) 정도였다. 실내에서 날릴 수 있는 크기에 위험을 줄여주는 실내 비행용 커버도 달렸다. 또 자이로 센서를 탑재해 자세제어 등의 간단한 자율성을 갖추었고 프로페셔널 방식의 송수신기가 아닌 스마트폰으로 조종할 수도 있다. 게다가 비디오카메라를 탑재해 촬영한 영상을 Wi-Fi로 전송하고 실시간으로 스마트폰으로 확인할 수 있다. 그렇게 촬영한 영상을 이용해 AR(복합형 가상현실)이라는 말 그대로 화면에 나타나는 가상의 적(현실 세계의 영상에 겹쳐서 표시된다)과 싸우면서 즐길 수도 있다.

고성능임에도 값싼 가격에 초보자도 쉽게 조종하며 즐길 수 있는 AR 드론의 등장은 충격이었다. 그리고 이 제품은 '드론'이라는 단어에 '고성능 소형 무선 헬리콥터'라는 개념을 정착시키는 데에 크게 공헌했다.

이렇게 해서 2010년대 초부터 지금 뉴스에서 사용하는 말과 같은 의미로 '드론'의 이미지가 자리 잡았다. 이어 드론의 이 뛰어난 성능을 눈여겨본 기업이 업무에서 드론을 활용하거나 새로운 비즈니스에 뛰어들려는 모색을 시작했다.

한편 AR 드론 이후 드론의 정의는 한층 넓어졌다. 그중 하나가 취미용 무선조종 헬리콥터에서 쿼드콥터 형 기종이 많이 나오면서 '드론=쿼드콥터'라는 이미지가 생겨난 것이다. 당연히 회전날개가 4개인 헬리콥터가 드론의 조건은 아니다. 회전날개가 6개나 8개인 기종이나 날개가 고정된 고정익기(fixed wing)를 비롯하여 로터의 각도를 바꿀 수 있는 틸트로터기(tiltrotor) 형태까지 등장했다.

이런 형태에 관한 논의보다 어려운 것이 자율성을 '드론'의 조건에 포함하느냐 하는 점이다. 소프트웨어의 성능은 보는 것만으로는 알 수 없으므로 최근에는 아주 최소한의 자세제어만 하는 쿼드콥터도 (의도적인지 아닌지를 묻지 않고) '드론'이라고 부르는 경우가 늘어나는 추세다. 하지만 앞서 말했듯이 애초에 드론이라는 이름이 자리 잡은 이유는 높은 자율성을 갖추어 초보자도 다루기 쉽다는 점 때문이었으며, 이 지점이 지금까지의 무선조종 헬리콥터와 가장 큰 차이점이었다. 그런 점에서 생각하면 자율성은 '드론'의 조건 중에서 중요한 요소라 하겠다.

드론의 정의를 둘러싼 논의는 끝이 없겠지만, 이 책이 초점을 두는

'비즈니스용 소형 무인비행기'는 고도의 자율성이 요구되는 경우가 많다. 자율성이야말로 비즈니스에 새로운 가능성을 펼칠 수 있는 요소이기 때문이다. 그래서 일단 이 책에서의 '드론'은 자율성능을 갖춘 소형 무인비행기로 정의한다.

여기까지 한 이야기를 정리하면 [표1]과 같다.

'드론'이라는 명칭의 근본이 된 군사용 드론은 A 영역이다. 이 드론은 높은 자율성을 갖추고 있어 기체제어만이 아닌 자동조종도 가능하다. 항속거리나 최대 적재량을 늘이기 위해 기체는 대형이고 당연히 제조비도 비싸다. 군사용 드론도 흥미로운 발전을 거듭하는 영역이지만 이 책의 취지에서 벗어나기 때문에 필요한 경우를 제외하고는 다루지 않는다.

이 책에서 주로 다루는 것은 영역 D '비즈니스용 드론'이다. 취미용 드론과 비슷하거나 그보다 조금 큰 크기로 다양한 장비나 물건을 옮기는 것들이다. 또 높은 자율성을 갖추어 사용자가 조종하는 방법을 오랜 시간에 걸쳐 배우지 않고도 업무에 활용할 수 있어야 한다. 그리고 목적에 맞는 특수한 센서를 탑재하거나, 더 큰 시스템과 연계하여 기능하기도 한다. 드론의 세계 속으로 좀더 깊이 들어가보자.

왜 주목받는가

———

[표1]을 보면 비즈니스용 드론이 차지하는 영역에 '산업용 무선조종 헬리콥터'(영역 E)가 이미 존재한다는 사실을 알 수 있다. 일본에서는 1980

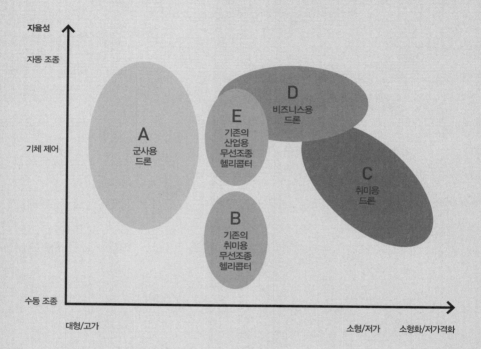

자율성

자동 조종

기체 제어

수동 조종

대형/고가

소형/저가   소형화/저가격화

A
군사용
드론

E
기존의
산업용
무선조종
헬리콥터

D
비즈니스용
드론

C
취미용
드론

B
기존의
취미용
무선조종
헬리콥터

[표1] 드론의 구분

년대부터 무인 헬리콥터를 산업에서 이용하기 시작했고 특히 농약 살포에 일반적으로 사용하고 있다.

이 분야의 무인 헬리콥터 대표 제조업체가 야마하다. 야마하는 1983년에 농림수산성 외부단체인 농림수산항공협회에서 위탁받아 산업용 무인 헬리콥터를 연구하기 시작했다. 그리고 1987년에 세계 최초로 산업용 무인 헬리콥터 R-50을 개발해 1,000기 이상을 생산했다. 그 후로도 순조롭게 기술을 개발해 2003년에 발매된 RMAX Type Ⅱ G는 GPS에 의한 속도제어기능과 속도연동형 살포장치를 탑재했다. 이 기종은 현재까지 2,800기가 생산되었다.

예전에는 비행기로 농약을 살포할 때 일반적으로 유인기를 사용했다. 하지만 유인기는 비용이 많이 들고 높은 고도에서 살포하기 때문에 약품이 사방으로 퍼질 위험이 있다. 그렇다고 지상 가까이 접근하면 사고의 위험이 커진다. 그래서 야마하 R-50이 발매된 이후에는 무인 헬리콥터로 하는 저고도 농약 살포가 확대되어 살포면적으로 보면 2003년에는 무인 헬리콥터를 이용한 곳이 더 컸다. 현재는 약 2,700기의 무인 헬리콥터가 운용되고 있고 논농사 지역에서는 드론을 이용한 농약 살포가 전체의 약 36%에 달한다. 간단하게 말하면 일본산 쌀을 먹을 때 3번 중 1번은 무인 헬리콥터의 도움을 받았다는 계산이 된다. 최근에는 볍씨 뿌리기나 측량 영역에 이르기까지 다양한 곳에 산업용 무인조종 헬리콥터를 이용한다. 이렇게 꽤나 오래 전부터 산업적으로 무인조종기를 이용해왔다는 걸 떠올리면 드론에 관한 관심이 새삼스럽게 느껴질 수도 있다. 무엇이 다르기에 드론 비즈니스를 새로운 영역이라고 하는 걸까?

이유로는 [표1]에 나와 있듯이 기존의 산업용 무선조종 헬리콥터가 접근하지 못했던 작고 값싼, 게다가 높은 자율성을 갖춘 영역을 비즈니스용 드론이 차지하고 있다는 점을 들 수 있다. 지금까지는 조종이 어려웠던 무선조종 헬리콥터가 기체 스스로 자동제어가 가능해져서 간단하게(혹은 자동으로) 날릴 수 있게 되었다. 즉 누구라도 쉽게 다룰 수 있게 된 것이다. 그리고 지금까지는 불가능했거나 비용이 많이 들어 사용하지 못했던 분야에도 사용할 수 있게 되어 다양한 비즈니스에 활용할 길이 열린 것이다.

소형 무인비행기에 자율성능을 탑재하는 것은 이전이라면 쉽지 않은 기술이었다. 이유 중 하나로 필요한 기자재가 크고 무거웠다. 예를 들면 1995년 당시 도쿄공업대학의 교수였던 스게노 미치오(菅野道夫) 교수가 야마하의 R-50을 '지적 무인 헬리콥터'로 개조하는 실험을 했다. R-50의 크기는 길이 3.58m, 높이 1.08m, 메인로터 지름 3.07m, 최대 적재량은 20kg으로 한 번에 약재 10kg을 탑재하여 10분 비행하고 1ha를 살포할 수 있는 성능을 갖추었기에 결코 작은 크기의 무선조종 헬리콥터는 아니었다. 게다가 관성항법장치나 카메라, GPS 부품 등을 탑재하여 음성 지시에 의한 비행이나 위치정보를 바탕으로 목표지점 통과, 화상처리에 의한 자동 착륙 등을 가능하게 만들었다. 위의 기자재 무게를 합하면 약 35kg이나 되어 최대 적재량을 크게 웃돌았다. 또 개발비나 기자재에 드는 비용도 비싸 본체의 가격과 합하면 실제로 사용하기에는 너무 고가였다. 즉 상품으로 만들어 시장에 널리 공급할 수 있는 가격이 아니었다.

하지만 그 후 여러 가지 기술이나 부품, 센서가 급속히 소형화, 저가화되면서 오늘날의 드론을 가능하게 만들었다. 카메라를 예로 들자면, 지금은 휴대전화에 고성능 카메라를 장착하는 것이 당연하지만 1999년만 하더라도 세계 최초의 카메라가 내장된 휴대전화 VP-210(교세라 제품)은 불과 11만 화소였다. 그로부터 10년 만에 1,000만 화소가 넘는 카메라가 내장된 기종이 나온 것이다.

어떻게 드론 장치의 소형화와 저가격화가 이토록 빠르게 진행될 수 있었을까? 해답은 휴대전화에 있다. 최근의 휴대전화, 특히 스마트폰은 지도나 게임, 활동량을 계산하는 앱 등을 사용할 수 있도록 작은 단말기 안에 GPS나 가속도계, 자이로 센서, 기압 센서 등의 무수한 센서를 내장하고 있다. 또 오랜 시간 사용해도 전원이 꺼지지 않도록 소형이지만 대용량인 배터리까지 장착하고 있다. 과도한 시장 점유 경쟁에서 살아남기 위해 제도업체들이 기술향상에 온 힘을 집중한 결과 짧은 시간에 급속한 발전을 이룬 것이다. 게다가 휴대전화는 대량 생산하기 때문에 값싼 가격에 부품을 생산할 수 있다. 결과적으로 고성능인데다 초소형 장치를 이용할 수 있을 뿐만 아니라 저렴하게 구할 수 있게 되었다. 이렇게 생산된 부품을 사용하여 만든 것이 소형이지만 고성능에다 값까지 저렴한 차세대형 무선조종 헬리콥터 '드론'이다. 그래서 드론을 '하늘을 나는 스마트폰'이라고 부르는 사람도 있다. 실제로 세계 휴대전화, 스마트폰 생산의 중심지인 중국에서는 400개 가까운 기업이 부품이나 기체제작 분야에서 드론을 개발하고 있어 2014년 7월에 베이징에서 열린 드론 전시회에는 60개 회사가 출품한 70기종이 전시되었다고 한다.

또 중국에서 부상 중인 신흥 스마트폰 회사, 샤오미(小米)가 드론 사업에 뛰어든다는 보도도 있다. 아직은 소문이지만 만약 실현된다면 '드론'을 만들어냈다는 것 자체가 상징적인 이슈가 될 것이다.

물론 제아무리 드론이 차세대형 무선조종 헬리콥터라고 해도 아직은 한계가 많은 존재임에 틀림없다. 그렇지만 이전과 비교하면 놀라울 정도로 손쉽게 다룰 수 있는 것이 사실이고 그로 인해 활용도가 무궁무진하게 연구되고 있으며, 실제로 테스트를 시도하는 기업이 급증하는 현황이다. 기업의 여러 시도가 보도될수록 자연스럽게 더 많은 사람의 관심이 드론으로 향하고 있으니 발전에 가속도가 붙는다.

구체적으로 어떤 기계인가

'드론'이라는 단어는 다양한 의미를 담은 속칭으로 사용되고 있으니 명확하게 정의를 내리기는 어렵다. 최근에는 지상을 달리거나 물 위나 물속에서 움직이는 로봇도 드론이라 부르기도 해서 혼란이 커지고 있다. 여기서는 일반적으로 말하는 상업용 '드론'이 어떤 기계인지 정리하려 한다.

먼저 기체의 형태는 여러 개의 회전날개(로터)를 가진 '멀티콥터' 혹은 '멀티로터'가 많다. 이 형태는 구조를 단순화해 제조비용을 절감할 수 있다. 회전날개가 몇 개인가에 따라 쿼드콥터(회전날개 4개), 헥사콥터(회전날개 6개), 옥토콥터(회전날개 8개)와 같이 이름이 달라진다.

현재 취미용으로 판매되는 드론은 쿼드콥터가 많고 손바닥 위에 올릴 수 있을 정도로 작은 초소형 타입까지 나왔다. 회전날개의 수가 늘어나도 기본적인 구조는 변하지 않지만 늘어나면 그만큼 기체가 커지고 무거워져 다루기 어렵다. 하지만 크면 그만큼 무거운 물건을 옮길 수 있고 비행할 때 안정감이 있으며 날개 한 개를 사용하지 못하는 경우에는 남은 날개로 제어할 수 있으므로 이 책이 다루는 비즈니스용 드론의 세계에서는 4개보다 많은 로터를 갖춘 드론을 종종 볼 수 있다.

유인 헬리콥터에서 일반적인 싱글로터 형은 기체 중심에 커다란 로터(메인로터)를 설치하여 양력이나 추진력을 일으키고 기체 후방에는 작은 로터(테일로터)를 설치하여 메인로터가 일으키는 토크(회전시키는 힘)를 없애는 구조다(테일로터가 없으면 메인로터의 회전 때문에 헬리콥터 본체가 반대방향으로 회전한다). 한편 멀티콥터는 로터 각각의 회전수나 회전방향을 제어하여 전후좌우로 추진방향을 컨트롤한다. 그래서 구조는 간단하지만, 여러 개의 로터를 동시에 더욱 섬세하게 제어하여 기체를 지시하는 방향으로 나아가게 한다. 대부분의 드론에는 플라이트 컨트롤이라는 장치가 탑재되고 여기에 장착된 자동제어 소프트웨어가 기체를 컨트롤하기 때문에 익숙하지 않은 사람도 연습하면 짧은 시간에 드론을 날릴 수 있게 되었다.

이렇게 드론, 정확히 말하면 멀티콥터는 비교적 구조가 간단하므로 어느 정도 기술이 있다면 개인이 개발할 수도 있다. 실제로 자사의 업무에 맞게 자체적으로 드론을 만든다든지 기존 제품을 개조한다든지 하는 기업도 적지 않다. 그러나 제어 소프트는 하루아침에 개발할 수 없고 고성능을 갖추려면 시험비행을 계속 반복해 조율할 필요가 있다. 그래서 기체 제조업체로 발전을 거듭하는 기업은 어느 정도 한정되어 있다.

2015년 4월에 발표된 DJI의 신형 드론 '팬텀3' ⓒ아사히신문

드론은 휴대전화나 스마트폰에 사용하는 기술을 도입하고 있기에 많은 중국 기업이 기체개발에 참여하고 있다. 중국 기업 중 정상에 선 기업이 선전(深圳)에 본사를 둔 DJI(Da-Jiang Innovation Science and Technology)이다. 2006년에 창업한 DJI는 2014년도 매출이 약 5억 달러(약 5,700억 원)를 기록했고 2015년에는 두 배인 10억 달러(1조 1,300억 원) 이상의 매출을 올릴 것으로 예상하는 등 급성장을 이루고 있다. 이 수치로 미루어 보면 DJI가 전세계 상용 드론시장에서 차지하는 시장점유율은 약 7할에 달한다. 그리고 취미용이 아닌 산업용 기체개발도 진행 중이다. 로이터 조사에 따르면 2015년 4월 9일 시점에 미국 연방항공국(FAA)에서 미국에 상업용으로 드론 사용을 인정한 129개 회사 중에서 약 절반에 해당하는 61개 회사가 DJI 제품을 사용하고 있다. 또 승인을 기다리는 695개 회사 중에서 약 400개 회사가 DJI 제품을 신청했다고 한다.

중국의 뒤를 쫓는 드론 대국을 미국이라 생각하기 쉽지만, 이야기는 그리 간단하지 않다. 5장에서 설명하겠지만, 미국은 오랫동안 상업용 드론의 이용을 금지했기에 아직까지는 유럽이나 캐나다 제조업체가 중국의 뒤를 잇고 있다. 2006년부터 드론 판매를 시작하여 이미 1,000기 이상의 매출을 올린 독일의 마이크로드론스(Microdrones)나 같은 독일 제조업체로 인텔이 투자한 어센딩테크놀로지스(Ascending Technologies), 소방과 구급·구명의 분야의 고객을 확보하고 있는 네덜란드의 에어리얼트로닉스(Aerialtronics), 1,000만 엔(약 9억 4,000만 원)이 넘는 고성능 드론을 판매하는 캐나다의 에리온 연구소(Aeryon Lab Inc) 등이 있다.

이들 유럽·북미 기업 중에서 중국 DJI의 뒤를 바짝 뒤쫓는 기업은 프랑스의 패럿이다. 패럿은 1994년에 설립된 무선통신기기 제조업체로 2010년에 AR 드론을 개발하면서 드론 시장에 진입했다. 현재까지 약 150만 대의 드론을 판매했고, 2013년 매출은 4,210만 유로(약 526억 원)였다. 패럿은 원래 취미용 드론 제작으로 특화되어 있었으나 Pix4D(UAV용 3D 맵핑 소프트를 개발)나 센스플라이(Sensefly: 스위스의 고정익기 드론 제조업체), 드레텍(DRETEC: 프랑스의 산업용 드론 제조업체)이 참여하면서 비즈니스용 드론 시장에도 진출했다.

미국 제조업체도 이런 해외 기업을 급속도로 뒤쫓아 취미용이나 농업 분야에 많이 진출했다. 그중에 유력한 기업이 미국 테크놀로지 잡지 『와이어드』의 전 편집장이며 국내에서도 『롱테일 법칙』이나 『메이커스』라는 책으로 유명한 크리스 앤더슨(Chris Anderson)이 이끄는 3D 로보틱스(3D Robotics)다. 오픈소스 기술과 유저 커뮤니티를 활용해 적은 비

크리스 앤더슨이 설립한 '3D 로보틱스' ⓒ게티이미지

용으로 개발에 성공하여 2009년에 설립했음에도 이미 3만 명 이상의 고객을 확보했다. 또 뒤에서 언급할 '드론 코드' 프로젝트에서도 핵심이 되어 드론 세계에 컴퓨터형 오픈이노베이션(open innovation)을 일으키려 하고 있다. 이러한 주요 기체 제조업체 이외에도 드론의 구성요소에 특화되어 존재감을 발휘하는 기업도 있다.

미국의 에어웨어(Airware)는 드론용 OS(운영체제)를 개발하고 있다. 기본적인 기체제어 소프트웨어를 개발하여 기체 제조업체에 제공하려는 것이다. 제조업체나 서드파티(third party: 공식적으로 하드웨어나 소프트웨어를 개발하는 업체에 맞추어 상호성이 있는 제품을 개발하고 제조하는 기업)는 그 소프트웨어를 바탕으로 다양한 애플리케이션을 구축할 수 있다. 멀티콥터의 경우 기체 자체는 그렇게 복잡한 기계가 아니기에 표준적인 '드론 OS'가 구축되면 드론도 개인용 컴퓨터와 같이 분업체제가 확립될지도 모른다.

에어웨어에는 미국의 대형 벤처 캐피털인 안데레센호로비츠(Andreessen Horowits)가 출자했다. 또 GE 산하 벤처 캐피털인 GE 벤처스(GE Ventures)도 출자하여 자금뿐만 아니라 기술적인 면에서도 협력하겠다고 발표했다. 이렇게 전폭적인 지원을 받는 양상을 보면 에어웨어가 '드론계의 마이크로소프트'가 될 날이 머지않았는지도 모른다.

여기에 정면으로 맞서는 곳이 '드론 코드'다. 크리스 앤더슨이 제안하여 착수한 프로젝트로, 오픈소스 방식으로 드론 관련 소프트웨어를 개발하는 것이 목적이다. 프로젝트를 운영하는 곳은 오픈소스 OS 리눅스로 유명한 리눅스 재단이다. 그리고 각국의 드론 제조업체와 인텔이나 퀄컴 같은 칩 제조업체, 클라우드 스토리지 서비스 BOX, 중국의 바이두(百度) 등의 웹서비스 기업도 가담하여 지원하고 있다. 리눅스처럼 전 세계 기술자가 협력하여 드론의 진화에 공헌한다면 드론의 발전에 가속도가 붙을 것이다.

드론의 세계는 윈도우 형식이 될 것인가, 리눅스 형식이 될 것인가. 아니면 스마트폰에서의 애플과 구글처럼 지배적인 기업이나 진영이 나타나지 않고 여러 가지 시도들이 경쟁하면서 양립할지도 모른다.

드론의 기체와 제어 소프트를 컴퓨터의 하드웨어와 OS라고 생각한다면 드론에 어떤 주변기기나 애플리케이션을 결합하는가에 따라 발생하는 가치가 크게 달라진다는 사실을 알 수 있다. 현재 취미용 드론의 매력을 끌어올린 요인 중 하나가 공중촬영이 손쉽다는 점이다. 공중

촬영기기의 원조라 할 수 있는 것이 DJI의 드론 '팬텀'과 미국 고프로 (Gopro)의 액션카메라 '히로'의 결합이다. 비즈니스용에서도 이와 마찬가지로 절묘한 조합 또는 '킬러 애플리케이션'이 나올 수도 있다.

예를 들면 일본 드론 제조업체 프로드론(ProDrone)이 개발한 PD4-BL 기종은 고성능 레이저스캐너로 유명한 리글(Riegl)이 개발한 장치 VUX-1을 탑재하고 있다. VUX-1은 1초에 50만 발의 레이저를 쏘아 야간에도 정확한 3D 측량을 할 수 있는 스캐너다. 그런 스캐너를 드론을 이용하여 공중에서 사용한다면 재난지역의 피해 상황을 빠른 시간에 파악하는 등 큰 위력을 발휘할 것이다. 실은 리글도 자체적으로 드론을 준비했지만 VUX-1의 스캔 시야각이 330도로 아주 넓기에 기존의 기체로는 윗부분이 다 보이는 문제가 있었다. 그래서 프로드론이 독자적으로 기체를 설계하여 스캐너의 성능을 최대한 끌어낼 수 있는 PD4-BL을 개발했다고 한다. 이렇게 사용하고 싶은 주변기기를 고려하여 기체를 디자인하는 방법도 일반적이 될지 모른다.

드론용 애플리케이션이나 웹서비스 세계도 다양한 움직임이 보인다. 이에 관해서는 4장에서 설명할 예정이다. 어쨌든 현재의 드론은 그 자체로 완결된 도구가 아니고 컴퓨터와 같이 확장성이 있는 존재다.

시장 규모는 어느 정도일까

———

이렇듯 드론은 확장성을 살리면서 다양한 비즈니스에 활용될 것으로 예상된다. 그러면 앞으로 드론 관련 시장은 어느 정도까지 확대될 것인가?

　일본의 조사기관 시드플래닝(Seed Planning)은 산업용 무인비행기·헬리콥터 시장이 2015년 일본에서 16억 엔(약 150억 원), 2022년까지 406억 엔(약 3,800억 원)으로 확대될 것으로 예측한다. 용도로는 기존의 '농약 살포'가 보합 상태를 유지하고 정비, 점검 분야가 확대되어 시장 전체의 약 4할을 차지할 것으로 예상한다((표2), (표3) 참조).

　드론 시장규모 합계 406억 엔(약 3,800억 원)은 일본 내 유료 음원 시장(2014년 437억 엔(약 4,100억 원))에 필적하는 규모지만 아직은 큰 산업이라고 말할 수 없다. 단 시드플래닝의 예측이 대상으로 하는 부분은 농약 살포, 공중촬영, 정비와 점검, 화재조사와 지원, 측량, 경비, 운송, 택배, 창고, 공사현장 등의 10개 분야로, 2장에서 소개하겠지만, 그 외에도 드론 이용에 유망한 분야는 계속 생겨나는 중이다. 따라서 지금 예상하는 이상으로 시장이 확대될 가능성은 충분히 있다고 생각한다. 시드플래닝의 분석에 따르면 농약 살포 분야는 이미 시장이 구축되어 있어 앞으로 그 외의 분야가 시장을 이끌어갈 것으로 보인다.

　실제로 해외 관련 조사를 살펴보면 그밖에 다양한 분야나 관련 영역이 포함되어 있다. 국제무인기시스템협회(AUVSI: Association for Unmanned Vehicle Systems International)가 2013년 3월에 발표한 보고서에서 드론 산업은 2025년까지 미국 내에서 820억 달러(약 92조 7,000억 원) 이상의 경제효과를 낸다고 예측했다. 이 보고서에서 예상한 드론 활용으로는 농작물의 모니터링, 저널리즘, 법 집행기관에서의 사용 등이 포함되어 있고 특히 ICT(정보통신기술)로 농지를 세밀하게 관리하는 '정밀농업' 분야에서 큰 역할을 할 것으로 기대했다.

재미있는 점은 2025년까지 미국 내에서 10만 명 이상의 고용이 발생는데 그중에 기체제조와 관련된 일이 약 3할, 나머지 7할이 드론 관련 업무(파일럿이나 전문 강사, 영상분석 담당자, 유지관리 담당자, 컨설턴트 등) 종사자가 될 것이라 예측했다는 점이다. 4장에서 설명하는 드론 비즈니스에는 드론 기체나 기체를 이용한 서비스를 판매하는 것뿐만 아니고 다양한 주변 비즈니스가 포함될 것으로 예상된다. 나머지 업무까지 포함한다면 시장은 한층 크게 확대될 것이다.

벤처 캐피털이 투자하는 양상을 보아도 이런 흐름이 보인다. 테크놀로지 미디어인 미국 테크크런치(Tech Crunch)에 의하면 미국 내 벤처 캐피털이 드론 제조업체나 기술에 투자한 액수는 2012년에 700만 달러(약 79억 원), 2013년 5,800만 달러(약 656억 원), 2014년 1억 2,000만 달러(약 1,360억 원)로 순조롭게 증가하고 있다. 게다가 2015년 5월에는 미국의 벤처 캐피털 악셀파트너스(Accel Partners)가 DJI와 공동으로 드론 관련 기술에 투자하는 펀드인 '스카이펀드'를 설립한다고 발표했다. 이런 벤처 캐피털의 움직임이 드론 업계로 흘러드는 자금의 흐름을 한층 가속화시키고 있다.

이와 같은 경제효과는 물론 미국 내의 지리적·사회적 특성을 바탕으로 한 것으로 일본 내수만으로는 대규모의 드론 사업을 전개할 기회가 한정되어 있다. 하지만 내수 시장만을 고려해야 할 필요가 없다. 워크맨이 미국을 석권했듯이 일본의 드론 기술이나 시스템, 서비스모델을 세계적인 표준으로 만드는 일은 얼마든지 가능하다.

억 엔

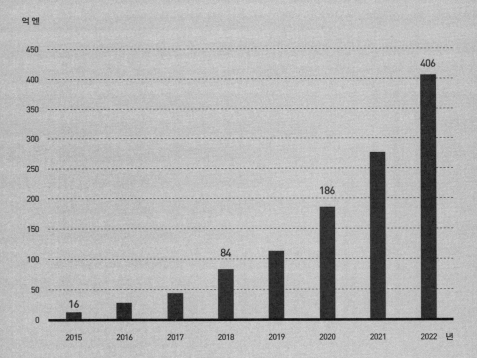

[표2] 일본 산업용 드론 시장 규모 예측

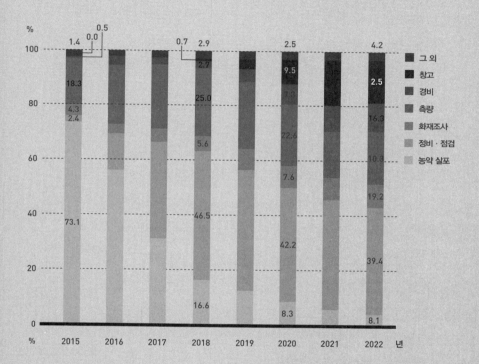

[표3] 일본 산업용 드론 시장 분야 비율 추이

그러면 전 세계에서 드론은 어느 정도의 시장을 창출해낼까? 미국의 경제 뉴스 사이트 비즈니스 인사이더(Business Insider)의 조사부문인 BI 인텔리전스는 2024년까지 드론의 세계시장 규모는 120억 달러(약 14조 원)를 돌파할 것으로 예측하고 있다. 대부분이 군사용이지만 그래도 전체의 4분의 1인 약 30억 달러(약 3조 4,000억 원)는 민간시장의 규모라고 생각한다. 그리고 2015년부터 10년간 민간 드론의 하드웨어나 소프트웨어, R&D(연구개발)에 드는 비용이 150억 달러(약 17조 원)에 달할 것으로 예측한다.

또 BI 인텔리전스는 미국보다 다른 나라에서 먼저 드론 산업이 구축될지도 모른다고 지적한다. 미국에서 무인비행기의 상업적 이용을 엄격하게 규제해 완화가 늦어질 경우 유럽이나 아시아 제조업체가 시장을 석권할 가능성이 있다고 보았다. 민간용 드론 산업은 아직 미숙한 상태여서 정부가 어떻게 운영해 나가느냐에 따라 앞으로 큰 영향을 받을 것으로 예상된다.

또 산업용 드론에 가장 가까운 시장인 로봇 시장에도 눈을 돌려야 한다. 6장에서 설명하겠지만 고도의 자율성능을 갖춘 드론은 로봇과 비슷한 존재로 우리 사회에 침투할 가능성이 있다. 그중에서 경비 업무 등에서는 지상을 이동하는 로봇보다도 하늘을 나는 로봇으로서의 드론이 적합한 역할을 할 것이다. 따라서 앞으로 로봇시장의 일부는 드론이 짊어지는 영역이 될 것으로 본다.

경제산업청과 NEDO(일본 신에너지 산업기술종합개발기구)는 일본 국내의 로봇시장이 2035년까지 9.7조 엔(약 91조 원)에 달할 것으로 추정한다.

특히 증가가 예상되는 부분이 서비스 분야의 로봇, 즉 제조업에서 사용되는 산업용 로봇 이외의 로봇이다. 2035년에는 전체의 약 56%에 달하는 5조 4,231억 엔(약 50조 9,300억 원)을 서비스용 로봇이 차지할 것으로 본다. 물론 이 중에는 간호용 로봇 등이 포함되어 있으므로 대부분이 드론으로 바뀌지는 않겠지만, 앞으로 자율성을 향상하면 드론 시장은 더 커질 것이다.

각 회사나 단체가 발표한 보고는 이러한 잠재적 시장을 명확하게 드러내기 위해서는 적절한 규칙이 사회에 구축되어야 한다는 점을 이구동성으로 이야기한다. 드론의 적용과 활용이 어디까지 허용되어야 하는지, 무엇을 금지해야 하는지, 또 문제가 발생했을 경우 어떻게 해결해야 하는지가 명확하지 않으면 기업은 사업에 동반할 리스크를 예측할 수 없기 때문이다. 규제에 대해서는 5장에서 살펴보겠지만, 시장을 저해하는 시각만이 아닌 시장의 발전을 뒷받침하는 방향으로 생각해 나갈 필요가 있다.

앞으로 어떻게 발전할까

제어용 소프트웨어나 '주변기기'를 제외하면 쿼드콥터 형 드론은 비교적 간단한 부품으로 구성되어 있다. 부품을 제조업체에서 공급받는다면 개인도 드론을 조립할 수 있을 정도다. 그렇다고 해서 드론이 발전할 여지가 없다는 말은 아니다. 오히려 앞으로 한층 독창적인 성능을 갖춘 드론이나 특수한 운용이 가능한 드론이 나올 것으로 예상된다.

가장 기대가 큰 것은 자율 성능의 향상이다. 터널 등 GPS를 사용할 수 없는 장소에서도 날 수 있고 숲속처럼 장해물이 많은 장소에서도 부딪히지 않고 날 수 있다면 드론을 활용하는 분야는 한층 확대될 것이다. 또 안전성 면에서도 사람처럼 순간적으로 장해물을 회피할 수 있는 드론의 보급이 기대된다.

미국의 벤처 기업인 스카이디오(Skydio)는 GPS를 이용하지 않고 비행하는 드론을 개발하고 있다. 카메라로 찍은 영상으로 주변환경을 3차원 지도로 작성하여 장해물을 회피하는 방식이다. 또 스마트폰에 목적지를 표시하면 드론이 그곳을 향해 날아가는 기술도 개발하고 있다. 실용화된다면 드론을 한층 직감적으로 조작할 수 있게 된다.

스카이디오는 구글의 연구 개발 조직인 구글X 출신 기술자가 설립했다. 설립자의 한 사람이자 CEO인 애덤 브라이(Adam Bry)는 구글이 진행하는 '드론 배송' 계획인 프로젝트윙을 기획한 구성원이기도 하다. 또 앞서 말한 벤처 캐피털 안데레센호로비츠와 악셀파트너스가 300만 달러(약 34억 원)를 투자하여 기술적인 잠재력을 높이 평가한 기업이다.

장해물에 충돌하지 않고 회피하는 '감지 및 회피'(Sense & Avoid) 혹은 '발견 및 회피'(Detect & Avoid)로 불리는 기술은 드론 개발에서 중요한 영역 중 하나다. 일본에서도 자율억제시스템연구소가 레이저 스캐너를 사용해 자신의 위치와 주변 환경을 파악하여 3차원 지도를 작성하면서 비행하는 드론을 개발 중이다. 지도는 1초에 50회 이상 갱신되므로 실내에서 비행하는 도중에 건물 일부가 무너지는 경우에도 환경변화를 파악해 회피하는 행동을 취할 수 있다. 2015년 5월에 개최된 '국제 드론전'

에서 보인 시범 비행에서는 실제로 가고 오는 환경이 다른데도 충돌하지 않고 이착륙에 성공했다. 이런 실험 중인 기종뿐만 아니라 시판하는 기종에도 고도의 감지 및 회피 시스템이 탑재된 사례도 나왔다.

DJI가 발표한 '가이던스'(Guidance)라는 시스템은 초음파 센서와 스테레오스코픽 카메라(Stereoscopic Camera: 카메라 2대로 촬영한 영상의 시차를 이용하여 깊이를 파악하는 기술)를 사용하여 주위 환경을 파악한다. 그리고 일정한 범위 내에 장해물이 확인되는 경우에는 가까이 다가가지 않고 피하는 방식이다. 또 그 방법을 이용하여 cm 단위로 위치를 제어할 수도 있다고 한다. 가이던스의 발표와 동시에 가이던스용 소프트웨어 개발 키트가 발표되었고 같은 시스템을 활용한 다양한 기체나 용도를 선보일 것으로 기대한다.

한편 운용 면에서는 드론을 1대가 아닌 여러 대를 동시에 날려 협조적인 움직임을 이끄는 연구도 진행 중인데, 그 예가 바로 미 해군연구소가 개발한 손바닥만한 크기의 일회용 드론이다. 근접 은밀 행동용 자율형 일회용 비행기(Close-in Covert Autonomous Disposable Aircraft)의 첫 글자를 딴 '시카다'(CICADA)라는 이름은 영어로 '매미'를 뜻한다. 이름 그대로 매미와 같이 고정날개가 2장이고 다른 항공기에 탑재되어 상공에서 투하하는 방식으로 사용된다. 시카다에는 추진 장치가 탑재되지 않아서 글라이더처럼 활공해서 날 수밖에 없기 때문이다. 하지만 추진 장치가 없는 덕분에 시카다는 불과 10개의 부품으로 완성되기에 제조하기도 쉬워 1대당 제조비용이 250달러까지 내려갈 것으로 예상한다.

미군이 생각하는 시카다의 운용법은 다음과 같다. 먼저 상공 5만 피트(약 1만 5,000m)에서 시카다를 대량으로 뿌린다. 각 기체는 사전에 설정된 목표지점의 좌표를 향해 GPS로 현재 위치를 확인하면서 활공한다. 그리고 비행 중 혹은 착지한 후 다양한 정보를 모아 감시 등의 임무를 다한다. 애리조나에서 실시한 실험에서는 5만 7,000피트(약 17km) 상공에서 던진 기체가 11마일(약 17.7km)을 이동하여 목표지점에서 15피트(약 4.6m) 이내의 장소에 도착했다.

기체가 작아서 기존의 레이더에 잘 포착되지 않는다. 가령 발견되었다고 해도 대량으로 투입되기에 모조리 찾아내 파괴하거나 회수하기에는 시간이 걸린다. 그중 몇 대라도 목표지점에 도착하기만 한다면 필요한 정보를 모을 수 있다. 그야말로 '질보다 양'이다. 도심에서는 이러한 일회용 드론의 이용이 불가능하지만, 전쟁 발생지 이외에도 자연재해 관측이나 피해지의 생존자를 확인하는 용도로는 충분히 활용할 수 있다.

마찬가지로 대량의 드론을 투입하는 발상으로 개발된 것이 미 해군연구소 '로커스트'(LOCUST)다. 이것은 저비용 무인비행기 무리 기술(Low-Cost UAV Swarm Technology)의 첫 글자인 동시에 영어로 '메뚜기'라는 뜻이다. 메뚜기가 때때로 대규모로 무리 지어 이동하는 모습을 떠올려 지은 이름이다.

로커스트는 지상 혹은 항해 중인 선박(혹은 잠수함일 경우도 있다)에서 미사일처럼 발사되어 그대로 비행형태로 변형하여 항공을 난다. 그리고 30대 정도가 무리를 이루어 다른 기체와 연계하면서 목표지점의 대상물을 공격한다. 무리의 행동은 자율적으로 제어되기에 사람이 컨트롤할 필요는 없다.

　드론 한 대의 성능을 높일 필요도 있지만, 어느 정도의 성능을 가진 여러 대의 드론이 협조하며 활동할 수 있게 된다면 훨씬 많은 임무를 수행할 수 있다. 전쟁터 이외에도 재난지역의 현황을 즉시 파악하기 위해 값싼 드론을 동시에 여러 대 날려 조사를 분담하는 식이다. 동시에 여러 곳에서 조사한다면 그만큼 시간이 단축되고 만일 기체가 손상되어도 곧바로 다른 기체를 보낼 수 있다.

　특수한 환경에서 활용하기 위해 고성능 소프트웨어나 장비를 갖춘 드론의 연구가 진행되는 한편, 이러한 '소모품으로서의 드론' 분야도 급속도로 발전할 것으로 보인다. 그럴 경우 드론의 '본체'는 각각의 기체가 아닌 그것을 제어하는 중앙관제 시스템이 된다. 게다가 이러한 시스템은 하늘을 나는 드론뿐만 아니라 지상을 달리는 로봇카나 선박형·잠수함형 로봇도 제어하게 될지 모른다. 거기까지 포함한다면 드론의 진화는 아직 시작 단계에 지나지 않는다.

드론 업계의 핵심인물에게 묻는다

스즈키 신지(鈴木真二)
도쿄대학 대학원 교수 / 일본 UAS 산업진흥협의회 이사장

도쿄대학 대학원 공학계 연구과 항공우주공학전공 공학박사. 도미타중앙연구소 연구원을 거쳐 1996년부터 도쿄대학 교수로 취임하여 항공우주공학을 연구하고 있다. 2014년 발족한 UAS의 민간분야 이용을 추진하고 산업창출을 지향하는 일본 UAS 산업진흥협회(JUIDA)에서 이사장을 맡고 있다.

드론 관련 비즈니스는 앞으로 다양한 분야에서 확대될 것이다

Q : UAV라면 야마하의 무선조종 헬리콥터를 농약 살포 등의 분야에서 지금까지 활용해왔습니다만, 최근 수년간 '드론', 즉 소형 쿼드콥터가 산업용으로도 주목받게 된 주된 이유는 무엇이라고 생각하십니까?

스즈키: 흔히들 멀티콥터라고 부르지요. 최근 급속히 보급되었는데, 계기는 2010년 패럿이 발표한 'AR 드론'입니다. 취미용 쿼드콥터였는데 이 제품이 큰 반향을 불러일으켰습니다. 마침 프랑스에서 열리는 국제회의에 참가 중인 시기라 매장에서 판매하는 'AR 드론'을 학생이 사 와서 날려볼 수 있었지요. 장난감이라 하기에는 훌륭한 수준이어서 깜짝 놀랐던 기억이 납니다. 그로부터 2년 정도 지나서 중국 DJI의 팬텀 같은 제품이 시장에 쏟아져 나왔습니다.

드론이 널리 보급된 이유 중 하나는 이전의 무선조종 헬리콥터와는 달리 구조가 아주 간단하다는 점입니다. 모터로 프로펠러를 돌릴 뿐인 간단한 메커니즘이어서 몇 안 되는 기체부품으로도 해결되니 적은 비용으로 만들 수 있습니다. 또 원래는 헬리콥터 같은 안정성이 없었지만, 자동제어 컨트롤로 안정시킬 수 있으므로 조금만 연습하면 조종할 수 있습니다. 무선조종 헬리콥터는 상당히 조종하기 어려워서 특수한 기술이 필요합니다. 그래서 진입 문턱이 높고 좁았지만 멀티콥터는 간단하게 날릴 수 있고 실내에서도 날릴 수 있는 크기가 있으니 넓은 곳이 아니어도 연습할 수 있습니다. 이렇듯 결정적으로 다루기 손쉬워서 널리 보급되지 않았을까요?

또 DJI가 우수한 카메라용 김블(회전대)을 개발하여 그것을 기체와 세트로 판매한 것도 이유 중 하나입니다. 이전에는 고해상도 카메라라면 SLR(일안반사식)뿐이었지만 고프로 제품같이 작으면서 성능이 뛰어난 기종이 나오기 시작했습니다. 그것을 소형 드론에 탑재하여 공중촬영을 하는 사람이 많아졌습니다. 이런 여러 가지 요소가 때마침 맞아떨어진 것이 DJI 제품이라 생각합니다.

DJI 제품은 가격이 10만 엔(약 94만 원) 정도로 저렴한 편입니다만 본격적인 기종도 있습니다. 이처럼 좋은 하드웨어가 갖춰져 있다는 점이 산업용으로도 사용할 기회가 늘어난 이유입니다. 물론 이전부터 모형비행기나 헬리콥터로도 공중촬영은 해왔지만, 그에 비교하면 훨씬 쉬워졌지요.

Q : 쿼드콥터라는 디자인은 어느 날 갑자기 등장했다는 느낌이 듭니다만 이전부

터 연구가 진행되고 있었습니까?

스즈키: 1990년대 들어서면서부터 연구자들은 알고 있었습니다. 제어
장치의 실험이 간단하다는 이유로 주로 연구용으로 사용했습니다. 또
독일의 마이크로콥터가 쿼드콥터의 부품을 팔기 시작해 그것을 구매해
조립하며 실험하기도 했습니다. 일반인들에게 보급되기 시작한 것은 중
국의 DJI나 프랑스의 패럿이 제품을 내놓은 뒤입니다.

**Q: DJI의 제품은 취미용 드론 시장에서 7할을 점유하고 있다고 들었습니다만
DJI 제품의 우수한 점이라면 어떤 점을 들 수 있습니까?**

스즈키: 원래 DJI는 플라이트 컨트롤러의 소프트웨어를 개발하였기에
소프트웨어 분야에 강합니다. 게다가 조금 전에 말했듯이 우수한 카메
라용 김블을 값싸게 제공함으로써 공중촬영의 니즈를 충족시킨 점도 들
수 있습니다. 어떤 의미에서 DJI는 공중촬영이라는 용도에 특화된 드론
을 제공한 것입니다. 그리고 DJI의 드론으로 촬영한 영상을 유튜브에
업로드해서 공개하는 사람이 생겨나면서 그러한 문화와 잘 어우러졌습
니다. 단지 날리는 것만이 아니라 촬영한 것을 대중에게 보이고 싶다는
사람들의 마음을 잘 포착한 덕이지요.

**Q: 한편 일본의 제조업체도 드론 시장 개척에 힘을 쏟고 있습니다만 일본 기업
이 파고들 수 있는 부분은 어떤 부분일까요?**

스즈키: 일본 기업이 파고든다면 공중촬영 부분의 니즈는 DJI에 밀리
지만 다용도의 드론 활용은 앞으로 개발의 여지가 많습니다. 그 분야에

서는 일본 제품이 충분히 시장을 차지할 수 있습니다.

　예를 들면 물류 분야입니다. 아마존과 같이 물류에 이용한다면 더욱 멀리까지 자동으로 날 수 있어야 합니다. 그렇게 되면 가시 범위 내에서 날려야 한다는 운용범위의 전제조건이 있는 현재 상황과는 전혀 다른 기술이 필요합니다. 이 분야는 앞으로 경쟁이 치열하겠지만, 일본의 기술을 살릴 수 있는 가능성이 큰 분야입니다. 또 드론을 이용한 배송에 관해서는 다양한 비즈니스모델을 벤처기업에서 제안하고 있습니다. 외딴섬에 배송하거나 산간벽지에서 혼자 생활하는 고령자에 배송한다는 아이디어입니다. 혹은 작년에도 그랬듯이 폭설로 길이 막힌 마을에 긴급하게 물자를 배급하는 장면도 떠오릅니다. 그렇게 하려면 현재의 멀티콥터로는 성능이 충분하지 않고 통신이나 관제시스템 등의 인프라를 정비해야 하는 문제도 있습니다. 이런 분야에서는 일본의 강점을 발휘할 수 있을 것으로 생각합니다.

Q : 세계적인 흐름으로 보면 통신이나 관제시스템 등의 인프라 정비는 지금부터 본격화될 부분이지 않습니까?

스즈키: 일상생활에서 여기저기 드론이 날아다니는 상황이라고 생각하면 무인으로 날아다니는 물체이므로 누군가가 어딘가에서 관리해야만 합니다. 비행기와 같이 큰 비용을 들어서 관제 시스템을 정비할 수도 없으니 저비용으로 간단하게 구축할 수 있는 시스템을 누가 어떻게 개발하느냐가 관건입니다. 통신이나 관제시스템 분야는 이미 경쟁이 치열해 미국의 NASA도 연구를 시작했습니다.

Q : 통신 관제시스템 분야의 연구에는 앞으로 일본기업도 참여할 예정입니까?

스즈키: 그 분야는 상당히 고도의 기술이 요구되므로 일본 기업에 거는 기대가 큽니다. 또 하나 일본기업의 기술력을 살릴 수 있는 분야로는 건물 내에서의 비행을 가능하게 하는 기술의 개발입니다. 창고 안에 있는 재고관리나 자동반송, 공장 내의 온도나 습도의 자동계측, 또는 세콤이 하는 보안 분야의 활용입니다. 이렇게 GPS를 사용할 수 없는 장소에서 정확하게 비행하는 기술도 앞으로 확대될 분야라고 생각합니다.

예를 들면 모션캡쳐(위치나 움직임을 계측하여 컴퓨터에 입력하는)를 이용하는 방법이 있습니다. 전용 카메라를 설치하여 드론이 어디를 날고 있는지 파악하여 여러 대의 기체가 편대를 이루어 비행하는 방법을 연구하고 있습니다. 단 이 경우에 카메라를 설치하는 인프라 정비가 필요합니다. 그래서 최근에는 영상해석을 응용하는 방법도 연구하고 있습니다. 우리 연구실에서도 하고 있지만, 기체에 탑재한 카메라로 주위를 촬영하고 그 영상을 분석하여 기체가 날아온 이력을 자동으로 작성할 수 있습니다. 즉 '눈이 있는 드론'입니다. 물론 레이저 스캐너나 초음파 센서 등의 관련 기술도 함께 이용할 수 있습니다.

이런 식으로 다양한 센서를 조합하여 자동비행을 가능하게 하는 기술은 몇 년 이내에 완성될 듯합니다. 그러면 지금까지 야외에서 사용하던 드론을 실내에서도 사용할 수 있게 되어 새로운 용도가 생겨나리라 생각합니다.

Q : 일본에서는 드론 관련 규제가 화제입니다. 산업을 진흥시키면서 안전도 유

지하기 위해서는 어떤 식의 규제가 바람직하다고 생각하십니까?

스즈키: 저는 현재 JUIDA(일본 UAS 산업진흥협의회)의 이사장을 맡고 있습니다. JUIDA 활동 중 하나로 안전 지침을 작성하고자 올해부터 논의를 시작했습니다. 국토교통성이나 경제산업성, 총무성의 관계자들도 참여하여 어떤 지침을 만들면 좋을지에 대해서 서로 의견을 주고받고 있습니다. 여름까지 발표할 계획으로 현재도 활동 중입니다만, 그 와중에 수상 관저에 드론이 침입한 사건이 발생했습니다. 그래서 급히 법률을 개정해야 한다는 의견이 나왔습니다. 국토교통성의 관계자들도 논의에 참가하여 2015년 6월에 발표한 '소형무인기의 안전한 운항 확보를 위한 규제의 골자'에서는 기본적으로는 안전을 유지하기 위해 비행을 제한하는 방침을 내걸고 안전을 확보할 수 있는 사업자에 한해서는 완화를 인정하는 유연성을 갖자는 내용이 담겨 있습니다. 이 내용은 이전부터 기업에서 바라던 부분으로 기본적으로 안전을 위해 엄격한 법규를 정하는 한편, 야간이나 가시 범위 밖에서의 비행에 대해서는 사전에 신청하는 형식으로 인정해줄 것을 요청하고 있습니다. 고도의 기술을 보유한 사업자에게는 더욱 폭넓게 이용을 허가하여 산업을 진흥시키고자 합니다. 이미 프랑스나 캐나다 등에서는 특별한 자격을 갖추면 규제를 넘어선 활용도 인정하는 형식이므로 일본에서도 그러한 법규가 마련되길 기대합니다.

Q: 발전하는 과정에 있는 기술을 법률로 규제하기는 어렵지 않을까요?

스즈키: 그렇습니다. 그래서 자격을 갖춘 사업자에게는 규제를 완화하는 등의 유연한 대응을 할 수 있는 제도가 필요하다고 생각합니다. 그렇

게 해야 좋은 기술이 나오고 또 그 기술을 인정하는 식이 되겠지요.

또 하나의 과제는 실태를 잘 모른다는 점입니다. 몇 대가 사용되고 있는지, 어느 정도 비행하고 있는지 등의 정보가 없습니다. 데이터를 잘 모아두지 않으면 안전한 기체를 만들어도 피드백을 할 수 없습니다. 또 일반 항공기와 같이 사고가 발생하면 정보를 모아서 공유하는 형식이 아니면 안전대책을 세울 수 없습니다. 이런 점은 아까 말한 골자에도 포함되어 있으니 앞으로 정부와 민간이 서로 협력하여 시스템을 구축해야 한다고 생각합니다. 거기에는 일반적인 사고뿐만 아니라 '돌발적인 사고'의 정보도 포함하면 안정성을 높이는 데 공헌할 수 있겠지요. 항공 업계에서는 작년부터 '항공 안전 정보 자발 보고제도'가 시작되어 무기명으로 정보를 보고할 수 있게 되었습니다. 회사의 벽을 넘어서 항공관리관 등 관계자들 사이에서 폭넓게 정보를 공유하는 제도가 무인기 세계에서도 정비된다면 'OO사의 XX라는 제품은 이런 기상조건에는 문제를 일으키기 쉬우니 조심해야 합니다', 'OO씨는 최근 위험한 비행을 많이 하므로 조종에 좀 더 주의를 기울이세요' 등의 충고까지 할 수 있겠지요. 또 그렇게 정보를 공유해야만 비즈니스도 발전할 수 있습니다.

JUIDA의 회원 기업에도 제조업체뿐만 아니고 보험회사 관계자나 변호사, 투자자 등 다양한 분야의 사람이 참가하고 있습니다. 관련 비즈니스는 기체 제조 이상으로 다양하게 생겨날 것이라고 생각합니다.

(2015년 6월 9일 취재)

CHAPTER 02

비즈니스 영역을 다양화하라

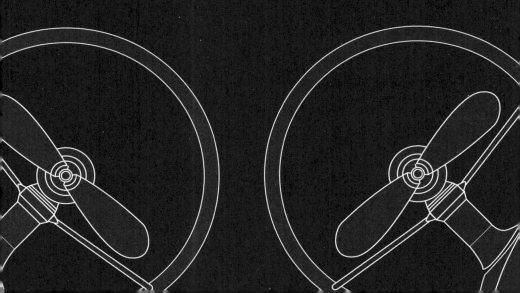

THE SINGULAR
IMPACT OF
DRONE BUSINESS

2015년 국제 드론 전시회

2015년 5월 20일부터 22일까지 치바 현 마쿠하리메세에서 드론을 테마로 한 기업 대상 전시회 '제1회 국제 드론전'이 개최되었다. 이미 미국과 유럽에서는 대규모 드론 전시회가 열렸지만, 일본에서는 전례가 없었다. 그래서인지 크게 주목받아 개최 기간 3일 동안 입장객이 9,000명을 넘었다.

국제 드론전은 단독개최가 아니고 메카트로닉스·일렉트로닉스 기술을 테마로 한 종합 전시회 TECHNO-FRONTIER의 일부로 개최되었다. 드론전에 출전한 기업이나 단체는 약 40개 회사로 종합전시회 전체 출전 회사 474개의 약 10%에 지나지 않는다. 그런데 TECHNO-FRONTIER에 방문한 전체 입장객은 약 3만 2,000명이었으니 30%가

2015년 5월에 개최된 국제 드론전

드론전을 보러 온 것이다.

실제로 전시회장에서는 좁은 통로에 입장객이 밀려들어 작은 부스의
카탈로그나 설명 자료가 일찍이 동났을 정도였다. 전시된 기체나 기술
에 관한 설명을 듣는 것뿐만 아니라 현장에서 '이런 것도 가능합니까?'
라고 상담하는 장면도 볼 수 있었다. 또 전시회장의 한 구역에는 그물로
둘러싸인 시험비행 공간이 설치되었고 그 공간을 최첨단 드론이 날아다
니는 모습은 사람들의 눈길을 끌었다.

약 40개의 기업과 단체가 국제 드론전에 출품하였기에 그 수가 결코
많지는 않았다. 하지만 전시된 드론의 형태나 크기, 성능, 용도는 그야
말로 다양했다. 공중촬영 전용으로 개발된 드론, 배송용 드론, 윈치로

물건을 들어 올릴 수 있는 드론, 화재현장을 관측하는 드론, 태양광 패널을 점검하는 드론, 속도를 중시하는 고정익기 드론, 체공시간·최대 적재량를 중시하는 유선 충전형 드론, 그리고 이륜차에 탑재되어 즉시 촬영 현장으로 옮길 수 있는 드론까지…. 드론의 용도가 급속히 확대되고 있는 현상을 여실히 보여주었다.

그렇다면 지금 현재 드론은 비즈니스에서 어떻게 활용되고 있을까?

드론의 특성

2014년 1월, 벨기에의 한 대학이 기묘한 영상을 유튜브에 공개했다. 시험을 치르고 있는 학생들과 그 위를 유유히 날고 있는 드론의 모습이 담긴 영상이었다. 카메라를 탑재한 드론을 이용하여 학생들이 부정행위를 하는지 감시하는 장면이었다. 프로펠러 소리도 시끄럽고 바람이 일어서 답안지가 펄럭거리니 학생들도 힘들겠다고 생각했는데, 실은 이 영상은 '커뮤니케이션 매니지먼트&저널리즘 코스'의 한 과정에서 작성한 가공의 뉴스였다. 말하자면 연기였다. 하지만 네덜란드어로 작성되었기 때문인지 각국의 미디어에서 사실로 보도해 공개한 지 4일 만에 재생수가 10만 건이 넘었다. 격렬한 반응에 영상을 올린 관계자도 '놀랐다'고 코멘트 했다.

그런데 최근 중국의 허난 성 뤄양 시에서 드론으로 커닝을 방지한다는 아이디어를 실제로 이용했다. 중국의 대학입학시험인 가오카오(高考)에서 이어폰과 무선을 이용한 커닝이 횡행해 시험장 상공에 드론을 날려 수상한 전파의 발신이 없는지를 확인한다는 대처방안을 마련한 것이다. 드론이 전파를 감지하면 발생원을 찾아내 위치정보를 지상에 있는 스태프의 태블릿에 전송한다. 연락을 받은 스태프는 드론을 조종하여 수상한 사람에게 접근시키든지 직접 현장으로 출동하는 방법이다.

이렇게 커닝 방지 대책이 연출이 아닌 현실이 된 것처럼 드론의 용도는 나날이 발전하고 있다. 이 장에서는 산업용 드론을 중심적으로 살펴보는데, 먼저 정리하는 차원에서 드론이 지닌 다양한 특성 중에서 비즈니스에 특히 중요한 요소 두 가지를 짚고 넘어가자.

특성 ① : 자율 비행

드론이 가진 가장 큰 특성은 '하늘을 나는' 능력이다. 당연한 이야기지만 드론은 공중에 떠 있기에 지상에 있는 장해물에 관계없이 이동할 수 있다. 또 멀티콥터 형이라면 공중에서 원하는 위치에 정확히 떠 있을 수도 있다.

하늘을 나는 능력은 상상 이상으로 중요한 특성이다. 슈도대학도쿄의 이즈미 다케키(泉岳樹) 교수는 인간은 '2.5차원'으로 움직인다고 표현함으로써 상대적으로 드론이 지닌 가치를 강조했다. 당연하다고 생각할지도 모르지만, 인간이 살아가는 세계는 3차원 공간이다. 하지만 일상생활을 생각해보면 자유롭게 이동할 수 있는 방향은 2차원 공간밖에 없다. 3차원적으로 움직인다, 즉 공중으로 이동하는 것은 불가능하지는 않지만 그러기 위해서는 발을 구르거나 엘리베이터나 에스컬레이터를 타거나 혹은 비행기를 준비하는 등의 여러 가지 장치를 마련하는 등 제약이 있다. 즉 인간은 3차원의 존재면서도 실제로는 '2.5차원' 정도로밖에 못 움직인다.

한편 드론은 이러한 제약을 넘어서 공간을 자유롭게 이동하고 공간 그 자체를 이용하는 활동도 가능하다. 예를 들어 물자를 운반할 때 새로 도로를 건설하지 않아도 공중 그 자체를 '도로'로 이용할 수 있다는 이야기다. 이 특성은 다양한 드론 활용법을 만들어내는 토대가 된다.

또 드론은 단순히 하늘을 날 뿐만 아니라 자율적으로 행동할 수 있다는 점이 중요하다. 가령 하늘을 난다고 해도 예전의 무선조종 헬리콥터처럼 복잡한 조작법을 배워서 항상 신중하게 조종해야 한다면 이동한다는 가치가 반감된다. 하지만 드론은 정도의 차이는 있지만, 어느 정도 자율비행이 가능하므로 누구나 그 가치를 활용할 수 있다. 또 자율적이기 때문에 비행의 내용은 단순할지라도 인간이라면 지루해할 행동을 몇 번이라도 반복한다든지 인간이 갈 수 없는 곳에서도 활동할 수 있다는 등의 부가가치가 발생한다.

특성 ② : 정보 수집

현재 일반적인 드론의 최대 적재량은 몇 kg에 불과하다. 따라서 운반할 수 있는 물건이 제한되어 있지만, 그래도 카메라나 센서 등 정보를 수집하는 기기는 문제없이 탑재할 수 있다. 게다가 그러한 기기나 기기를 제어하는 CPU(중앙처리장치), 수집한 데이터를 축적·송신하는 장치는 끊임없이 소형화·저가격화·고성능화되는 방향으로 발전하고 있다. 그 결과 드론은 다양한 정보를 수집할 수 있는 '이동식 센서'라고 불리

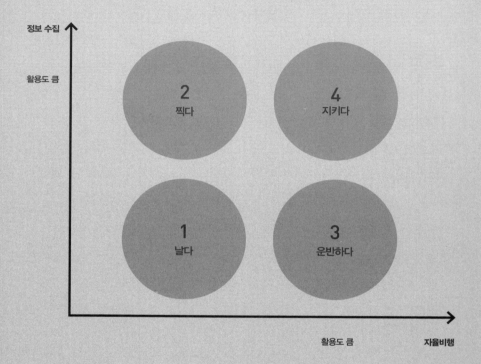

정보 수집

활용도 큼

2
찍다

4
지키다

1
날다

3
운반하다

활용도 큼

자율비행

[표4] 드론의 특성으로 정리한 용도 카테고리

게 되었다.

　드론의 이동하는 능력이 글자 그대로 드론이라는 존재를 어떤 장소로 물리적으로 이동시켜 준다면 정보를 수집하는 능력은 드론의 유저를 그 장소에 가상으로 데려가 준다고 말할 수 있다. 유저는 드론이 수집한 정보를 확인함으로써 드론이 보고 있는 세계를 쫓아 체험할 수 있다. 또 여러 대의 드론으로 FPV(First Person View), 즉 드론 자체가 카메라로 찍어서 '보고' 있는 영상을 확인하면서 다양한 작업을 할 수 있다. 더나아가 적외선카메라(적외선 서모그래피) 등의 특수한 카메라나 센서를 활용한다면 현실을 완전히 다른 각도에서 볼 수도 있다. 유저는 마치 초인이 된 듯한 감각으로 세계와 접할 수 있다.

　이 특성은 현재, 텔레프레전스 로봇(Telepresence Robot)이라는 형태로 이용할 수 있다. 텔레프레전스 로봇이란 카메라와 이동성능을 갖춘 조종식 로봇으로 조종자는 원격지에 있으면서 로봇이 있는 장소의 주위 사람들과 대화를 나눌 수 있다. 실제로 이런 로봇을 사용해 화상회의 이상의 현장감으로 멀리 떨어진 곳에 있는 사무실 사람들과 교류한다든지 원격지에 있는 매장에서 접객한다든지 혹은 건강상의 이유로 밖으로 나갈 수 없는 아이가 집이나 병원에서 학교에 다니는 사례가 있다. 드론은 아마도 텔레프레전스 로봇의 선두주자 위치도 차지하게 될 것이다.

　이러한 두 가지 특성을 살리거나 조합함으로써 다양한 용도가 생겨난다. 이것을 크게 나눈 것이 [표4]이다. 각 카테고리에 대한 구체적인 사례를 살펴보자.

드론의 용도

용도 ① : 날다

드론이니까 당연히 난다고 말하겠지만, 단순히 '난다'는 특성만으로도 다양한 용도를 생각해낼 수 있다.

가장 손쉽게 떠오르는 분야가 드론을 엔터테인먼트나 홍보에 활용하는 예다. 2014년 3월 연출가 미키코(MIKIKO)가 이끄는 댄스컴퍼니 '일레븐플레이'가 도쿄에서 댄스 인스톨레이션을 선보였다. 미키코는 여성 아이돌그룹 퍼퓸의 안무를 맡았던 인물이다. 이번 이벤트에 댄서와 함께 무대 위에 올라간 것은 세 대의 드론이었다. 드론은 댄서들의 움직임에 맞추어 주변을 날고 상공을 떠도는 등 기계면서도 생동감 있는 움직임을 보였다.

드론은 사전에 움직임이 프로그래밍 되어 정해진 코스를 날아다니는 것과 댄서의 몸에 붙인 표식을 인식하여 그것에 따라 움직이는 것, 두 종류가 준비되었다고 한다. 그 결과 댄서와 드론이 유기적으로 어우러진 안무가 탄생했다. 드론의 나는 능력을 잘 살린 사례다.

대형 쇼를 기획한 기업이나 단체도 있다. 네덜란드 왕립공군은 2015년 드론을 이용한 공중서커스 'AIR'를 기획 중이라고 발표했다. 현시점에서는 프로모션비디오만 공개됐지만, 암스테르담의 축구 경기장을 무대로 하여 수십 대의 드론이 무리 지어 날아다니는 무대를 만들려는 듯하다. 또 2014년에는 디즈니가 드론을 이용한 쇼의 특허를 신청하여 화제가 되었다. 디즈니 쇼는 여러 대의 드론을 사용하여 거대한 꼭두각시 인형을 움직이거나 조명을 조작하거나 공중에 스크린을 설치해 영상을 투영하는 등의 내용이다. 1장에서 소개한 '드론을 무리로 조종하는 기술'이 발전한다면 이런 대규모 드론 엔터테인먼트가 증가할 것이다.

크록스의 '공중 스토어'도 나는 특성을 살린 이벤트에 포함할 수 있다. 공중 스토어라는 이름을 붙이고 진열대에 있는 상품을 드론이 가져오는 내용이지만 이 이벤트를 기반으로 본격적인 '드론 점원'을 개발하려는 의도는 아니다. 크록스가 노리는 점은 새롭게 발매한 신발의 PR이고 그런 의미로 엔터테인먼트에 가까운 활용법이라고 말할 수 있다.

크록스의 이벤트를 지휘한 인터액티브 컴퍼니 버드맨의 고바야시 다케루의 말에 의하면 이 기획은 입안에서 이벤트 시작까지 6개월 정도가 걸렸다고 한다. 6개월 동안 기본이 되는 기체의 선정과 커스터마이즈, 신발을 집는 기기의 탑재, 제어시스템의 개발, 구체적인 이벤트 내용을 설계했다. 행사장 후보로 몇 군데가 물망에 올랐지만, 최종적으로 도쿄 미드타운의 아트리움을 고른 이유는 드론이 나는 데 필요한 높이가 확보된다는 점과 또 천장이 뚫려 있어 2층이나 3층에서도 이벤트를 볼 수 있다는 점이었다.

'들어가며'에서도 말했듯이 실제 이벤트에서는 드론이 신발을(신발 윗부분에 16cm의 금속판에 자석을 달았다) 잡지 못하는 장면을 몇 번이나 볼 수 있었다. 신발을 성공적으로 잡기 위해서는 오차 5cm 이내에 드론의 위치를 설정할 필요가 있지만, 실내임에도 불구하고 아트리움 내에는 바람이 불었고 그 영향으로 위치를 벗어나는 경우가 종종 있었기 때문이다.

또 cm 단위로 위치를 조정하려면 모터를 비롯한 부품 정밀도의 미세한 차이가 실제로는 커다란 차이로 나타난다. 기체에는 개체차가 있어 성공률 70%밖에 되지 않는 개체도 있고 90%에 이르는 개체도 있었다고 한다.

드론이 성공적으로 신발을 가져오면 행사장에서 커다란 박수가 터져나왔다. 재미있는 점은 성공확률 90%의 기체를 사용했을 때는 '당연히 성공할 것'이라고 생각해서인지 관객의 박수 소리가 점점 잦아들고 시들해졌다. 그 시점에 성공률 70%의 기체로 바꾸니 다시 박수가 터져나왔다. 물론 크록스의 드론은 생물적인 움직임을 보이는 것이 목적이 아니었기에 개최자로서는 성공하는 편이 만족스러웠을 것이다. 그러나 드론이 날아다니는 모습에 사람들이 무엇을 느끼는가를 명확하게 보여준 에피소드였다고 생각한다.

결과적으로 이 이벤트는 미디어에 전혀 광고하지 않았음에도 신문, 잡지, 웹 사이트에서 500건 이상의 기사가 게재되었다(단 광고대리점 측에서 드론에 관한 모든 정보를 모아서 자료로 만들어 미디어에 배포하고 그들에게 '드론이란 무엇인가'에 대한 이해도를 높였다고 한다). 그리고 광고 조회 수는 1억 2,000만 건에 달했다.

'나는' 용도에서는 정말 단순하게 비행하는 드론에 광고를 달아 선전을 하는 사례도 있다. 미국의 드론 전문 광고회사 후비(Hoovy)가 벌인 이벤트로 이벤트 이름 자체가 '드론 광고'다. 8개의 로터를 단 애드바타(Advatar)라는 이름의 멀티콥터에 커다란 장막을 늘어뜨리고 사람들이 모여 있는 장소에 띄워 많은 사람들이 광고를 보게 하는 방법이다.

지극히 단순해 보여도 실제로는 사람들에게 부딪치지 않도록 한다든지 광고가 이상한 위치에 가지 않게 한다든지 등의 여러 세밀한 기술이 필요하다. 후비의 드론은 바람의 세기를 실시간으로 측정하여 장막이 안전하고 지상에서 눈에 잘 띄는 위치로 이동하도록 기체를 제어하도록 고안되었다.

단순하지만 아무도 손대지 않은 아이디어는 때때로 기술적인 제약이나 제도상의 문제가 있게 마련이지만, 드론의 경우는 이 두 가지가 급속도로 변하고 있다. 아무리 단순한 발상이라도 고려해볼 가치가 있다.

용도② : 찍다

고프로는 아웃도어 스포츠 경기를 선수 시점에서 촬영하는 소형 디지털 비디오카메라 '액션카메라'의 장르를 개척하여 대표 제조업체로 군림하는 회사다. 2015년 5월 고프로는 자체적으로 드론을 개발 중이며 2016년에 발매할 계획이라고 밝혔다. 지금 많은 사람들이 고프로의 카메라를 DJI의 드론에 탑재해 공중촬영을 하고 있고 이것이 취미용 드론 공중촬영의 표준적인 조합으로 알려졌다. 자체적으로 드론을 개발한다면 고프로는 어디까지나 '하늘을 나는 카메라'라는 포지션으로 드론을 개발하는 것이다.

이렇게 카메라 제조업체가 강한 관심을 보일 정도로 드론의 '찍는' 용도는 크게 확대되는 중이다. 단순히 찍기뿐만 아니라 다양한 정보를 모으고 그 정보를 활용하는 쪽으로도 이용된다.

지금 미국의 부동산 업계에서는 드론을 이용해 고급 단독주택의 물건을 소개하는 방식이 유행이다. 규모가 큰 물건은 정지화면을 아무리 많이 모아도 현장감을 느낄 수 없을 때가 많다. 또 옥상 등 지상에서는 보이지 않는 부분에 문제가 없는지 궁금할 때도 있다. 그럴 때 드론에 카메라를 탑재해 상공에서 전체를 촬영한 영상을 보여준다. 이 정도의 기능은 시판하는 드론으로도 충분하고 사유지 내에서 날리기 때문에 큰 문제가 생기지 않는다(현재 미국의 법률로는 그레이존에 있는 상업적 이용에 속하지만). 게다가 적은 투자가 큰 이익창출로 연결되니 드론 공중촬영에 뛰어드는 부동산 업자는 점점 늘어나고 있다.

마찬가지로 '사람이 직접 보기 어려운' 물건을 드론이 확인한다는 발상으로 거대한 제품이나 설비의 점검에 활용하는 예도 있다. 대형선박 제조업체 쓰네이시 조선은 길이 200~300m나 되는 거대한 도크에서 실시하는 조선 작업을 관리하기 위해 드론을 활용하는 방법을 검토 중이다. 2015년 5월에 실시한 실증실험에서 DJI의 인스파이어원을 이용해 실시간으로 높은 곳의 설비점검이나 공사 진행 상황을 확인하는 등 성능을 검증했다. 또 항공업계에서도 영국의 저가항공회사인 이지젯이 항공기의 기체정비에 드론을 이용해 점검하는 실험을 성공적으로 마쳤다.

또 '나는' 용도와 마찬가지로 '찍는' 용도도 엔터테인먼트 분야에 활용된다. 드론을 이용하여 아름다운 부감(俯瞰) 영상을 촬영하는 '드론 공중촬영'은 텔레비전이나 영화, 광고업계에서 일반적으로 활용하는 방법이다. 또 경치가 좋은 곳에 드론을 날려 관광객을 끌어들이는 콘텐츠로 이용한다든지 현지를 방문하는 사람들에게 기념촬영을 제공하는 방법도 생겨났다.

좀 독특한 아이디어로 '드론 관광'도 있다. 빈 대학의 헬무트 라벡스 (Helmut Hlavacs) 박사가 연구 중인 방법으로 원격지에 있는 유저가 드론을 조종하여 경치 좋은 곳을 상공에서 찍은 영상으로 관광하는 시스템이다. 드론이 촬영한 영상은 (머리에 장착하는) 가상현실용 헤드 마운트 디스플레이(HMD)로 재생할 수 있어 마치 새가 된 듯한 감각으로 즐길 수 있다고 한다.

인도네시아 정부는 찍는 기능을 공공의 목적으로 사용한다. 인도네시아는 팜유 생산량 세계 1위를 자랑하는데 팜유를 생산하는 스마트라의 팜 농장에서 농지 면적을 적게 보고하는 부정행위가 발생했다. 또 스마트라에는 주석 광산이 있는데 거기서도 광물채굴량을 적게 보고하는 사례가 있었다고 한다. 하지만 원격지에 있는 플랜테이션이나 광산을 일일이 조사하는 데는 시간이 걸리고 위성사진이나 대형비행기로 공중촬영을 하면 비용 면에서 현실성이 없어 드론을 이용해 하늘에서 측량하기로 했다. 플랜테이션 농장에서는 이미 드론을 이용하여 발육 상황을 확인하고 있다. 즉 기업에게 이익을 창출한 기술이 역으로 정부의 감시를 강화하는 상황도 벌어지는 것이다.

인도네시아 정부의 발상은 드론을 이용해 상공에서 '관찰'함으로써 자산의 가치를 파악하자는 것이었다. 비슷한 관점으로, 치바 대학의 가토 아키라(加藤顕) 교수가 제시한 흥미로운 가능성을 보자. 가토 교수는 3차원 레이저 기술로 상공과 지상에서 측량해 산림의 3차원 데이터를 축적하는 연구를 진행 중이다. 나무의 생육 상태나 목재로서의 질을 상세하게 파악해 두면 나무를 잘라 시장에 유통하기 전부터 '산의 가치'를 파악할 수 있다는 것이다. 또 드론에 레이저스캐너를 실어 산림 속에 날린 뒤 전자동으로 측량할 수 있게 된다면 산림의 자산 가치를 정기적으로 드론이 '보고' 수치화하는 관리가 가능하다.

이렇듯 '찍기' 기능이 발전된 형태인 '조사'의 기능은 이외에도 수많은 비즈니스를 만들어낸다. AIG나 스테이트펌, USAA 같은 미국 보험회사는 손해조사에 드론을 활용하려고 계획 중이다. 종래의 손해조사는 사람이 현장으로 직접 가서 필요한 정보를 모았는데 산속이나 벽지에서 일어나는 사고나, 자동차의 다중추돌 등 대규모 사고가 발생했을 때에는 조사를 마치기까지 시간이 걸렸다. 하지만 드론으로 상공에서 사고 현장을 촬영하면 신속하게 조사를 마칠 수 있고 그런 만큼 보험금도 빠르고 원활하게 지급할 수 있다.

또 '조사 기능'으로 최근 주목받고 있는 분야가 드론 저널리즘이다. 말 그대로 드론을 촬영이나 조사 등에 이용하여 보도에 사용한다는 발상이다.

영국 BBC는 2014년 12월, 타이에서 일어난 반정부 시위를 보도하기 위해 드론을 띄워 상공에서 시위의 전체 영상을 촬영했다. 높은 곳에서 촬영해 시위 규모를 한눈에 알기 쉽게 전하려는 의도였다. 더 효과적이었던 사례는 같은 달 우크라이나 키예프에서 벌어진 반정부 시위의 취재였다. 당시 촬영자는 저널리스트가 아닌 시위 참가자였는데 그들은 드론이 지상에 있는 시점부터 촬영을 시작해 조금씩 고도를 높여 한 사람씩 모이면서 거대한 무리로 불어나는 광경을 포착했다. 이 연출에 의해 시위란 '얼굴이 드러난 개인'이 모인 것이며 또 어떻게 거대한 흐름

065
비즈니스 영역을 다양화하라

으로 형성되어 가는지를 인상 깊게 표현했다.

구체적인 성과를 올린 사례도 있다. 미국 텍사스 주에 사는 한 남성이 드론으로 공중 촬영한 사진을 보다가 정육 공장 근처에 흐르는 강이 붉게 물든 모습을 발견했다. 놀란 남성이 행정기관에 제보하여 문제의 공장에 현장 조사가 행해졌다. 카메라를 탑재한 휴대전화가 보급됨으로써 일반인이 저널리즘의 영역에 발을 내딛는 사례는 드물지 않다. 카메라를 탑재한 드론도 마찬가지일 것이다.

찍고 조사하는 드론의 기능은, 모은 영상이나 데이터를 어떻게 다룰 것이냐는 논의로 필연적으로 연결된다. 앞으로는 촬영뿐만이 아니고 촬영 후에 이어지는 공정의 최적화에도 관심이 쏠릴 것이다.

용도 ③ : 운반하다

물건을 옮기는 용도는 드론이 공중을 이동한다는 특성을 직접 활용한 것이다. '들어가며'에 소개한 매터넷과 같이 드론 공중배송에 뛰어든 기업은 의외로 많아서 대기업까지 가세하고 있다. 가장 유명한 기업이 아마존이다. 아마존은 2013년 12월 1일에 특별히 개발한 배송용 드론을 사용하여 주문을 받은 지 30분 이내에 상품을 배송하는 서비스 '아마존 프라임에어'를 계획 중이라고 발표했다. 빠르면 발표한 지 2년 후가 되는 2015년에는 서비스를 개시할 예정이라고 선언했다.

이 기상천외한 계획을 들은 당시 사람들의 반응은 어땠을까? 일부 기대하는 목소리도 있었지만, '기술적으로 불가능하다', '아무리 그래도 2015년에는 무리다', '어차피 주식 시장을 위해 이목을 끌려는 것뿐이다' 등등 많은 사람들이 회의적이거나 애초에 아마존의 의도를 의심했다.

하지만 그로부터 1년 반이 지난 지금 상황은 급속히 진전 중이다. 아마존은 관련 시스템을 개발했고 2015년 3월에는 FAA로부터 미국 내에서 드론 배송의 실험을 허가받았다. 주가 대책 포석이 아닌 진짜 드론 배송을 실현하려는 것이다.

구글도 2014년 8월에 드론 배송 프로젝트 '프로젝트윙'을 추진한다고 발표했다. 오스트레일리아의 퀸즐랜드에서 여러 군데의 농장을 배송지로 하여 구급상자나 반려견의 간식 등을 배송하는 실험에 성공했다고 밝혔다. 9월에는 독일의 대형 운송회사 DHL이 자사의 드론 '파셀콥터'를 이용해 북해의 작은 섬 유이스트에 의약품을 운반하는 실험을 시작했다. 또 중국 기업 알리바바도 산하 기업인 중국 최대의 쇼핑몰 타오바오(淘宝网)를 통해 베이징·상하이·광저우 3개 도시에서 진저티 티백(약 3,000g)을 1시간 이내에 배송하는 실험을 했다(단 중국은 사전에 신중하게 설정한 경로를 비행하는 등 프로모션으로서의 목적이 강했다). 일본에서도 2015년 1월 가가와 현 다카마쓰 시에 거주하는 남성이 크라우드 펀딩으로 자금을 모아 다카마쓰히가시 항구에서 오기시마 섬 사이 약 8km를 드론으로 배송하는 실험에 성공했다.

그렇다면 앞으로 기술적· 법 제도적 문제가 정립된다고 가정한다면 드론 배송은 얼마나 합리적인 비용의 운송수단이 될 것인가? 몇 가지 흥미로운 시험 자료가 이미 발표되어 있다.

ARK 인베스트먼트 매니지먼트가 실시한 조사에 따르면, 아마존은

88센트 가량을 드론으로 배송할 수 있다고 한다. 화물의 무게는 1회에 5파운드(약 2.3kg) 이하로 운송 거리는 아마존의 거점에서 10마일(약 16km) 이내를 전제 조건으로 계산한 결과다. 아마존의 CEO 제프 베조스(Jeff Bezos)는 이전에 아마존이 배송하는 물건의 86%가 5파운드 이하라고 밝혔다. ARK에서는 배송의 25%가 아마존의 거점에서 10마일 이내라고 본다. 프라임에어 프로그램에 필요한 인프라 구축 비용은 약 5,000만 달러다. 드론 본체와 배터리에 드는 비용이 8,000만 달러. 합계 1억 3,000만 달러로 추정한다. 운용비용은 3억 5,000만 달러로 예상한다.

그리고 아마존이 매수한 키바시스템스(Kiva systems)의 공동창업자 중 한 사람인 스위스 취리히연방공과대학 라파엘로 단드레아(Raffaello D'Andrea) 교수가 미국전기·전자학회(IEEE)에 기고한 기사에서 4.4파운드(약 2kg)의 화물 한 개를 드론으로 6마일(약 9.7km) 배송하는 데 드는 비용을 단돈 20센트(에너지 비용 10센트, 기체 비용 10센트)로 계산했다. 단드레아 교수는 이 계산 결과를 토대로 드론 배송의 실현 가능성에 관해서 '비용 면에서 생각한다면 비합리적인 면이 보이지 않는다'고 말했다. 아마존은 현재 최종적으로 고객이 주문한 상품을 배송하는 '라스트 마일'에 화물 한 개당 2~8달러의 비용을 들이고 있다. 이러한 사실을 고려한다면 드론 배송은 충분히 매력적인 이야기다.

계산이 얼마나 정확한지는 실제로 서비스가 시작되기 전에는 알 수 없지만, 드론 배송은 고객을 위한 서비스로서만이 아니고 비용절감을 위해서 도입할 가능성이 있다는 사실을 보여준다.

아마존의 배송용 드론 '아마존 프라임에어'

　상업적 용도가 아닌 드론 배송 분야에도 실용화를 향한 움직임이 보인다. 매터넷은 파푸아뉴기니의 해안도시에 '국경없는의사회'와 공동으로 실험했다. 파푸아뉴기니에서 유행하는 결핵을 치료하는 데 드론을 활용한 것이다.

　국경없는의사회는 현지에 새로운 의료기기를 도입해 지금까지는 2주일이 걸린 결핵 진단을 2시간으로 단축했지만 어쨌든 진단에는 샘플(환자의 타액 등)이 필요하다. 그러나 현지에 도로 등의 교통 인프라가 정비되어 있지 않아서 샘플을 보내고 받는 데 시간이 걸려 진단하는 시간을 단축해도 소용이 없었다. 이런 와중에 드론을 사용해 샘플을 공중으로 운반하자는 대안이 제시되었다. 동시에 필요한 의료품을 원격지에 운반하는 실험도 시작할 예정이다. 아직 운반하는 화물의 중량에 제한이 있지만, 타액과 같은 샘플이나 의약품이라면 충분히 운반이 가능하다.

또 AED(자동심장충격기)를 공중으로 운반하는 실험도 각지에서 이루어지고 있다. 그중에 네덜란드의 디레프트 대학에서는 독특하게 AED 자체를 드론으로 만들어 날리는 방법을 개발하고 있다. 이 드론은 통보를 받으면 최대 시속 100km로 지정된 장소까지 자동으로 날아간다. 도착하면 드론에 탑재된 카메라로 찍은 실제 영상이 오퍼레이터에게 전송되고 환자의 호흡·심박 수·혈액 등의 생존징후도 전송된다. 그리고 오퍼레이터가 통보한 사람과 음성으로 대화하여 드론 내에 내장된 AED를 조작하게 하는 방법으로 운영하려 한다.

의료 분야에서는 오지나 외딴섬 등에 의약품을 배송하는 실험도 시작됐다. 드론이 무엇을 운반하든지 혹은 운반해야 할 물건 자체가 드론이 되든지 어쨌든 이런 시급한 부분부터 현실화될 것으로 보인다.

의약품을 비롯한 의료에 관한 부분처럼 당장 시급한 부분은 형태가 있는 물건을 운송하는 방식만 해당되지 않는다. 예를 들면 드론을 이용해 모바일 통신용 '하늘을 나는 기지국'으로 만들어 지상에서 공사가 어려운 지역이나 재난지역 등에 임시로 통신 환경을 만들어내는 방법이 연구되고 있다.

SNS로 잘 알려진 페이스북은 태양광패널을 탑재한 여객기만한 크기의 드론을 개발해 사람이 살고 있지만 인터넷에 접속할 수 없는 지역의 상공에 날려 30억 명에게 인터넷 환경을 제공한다는 Inertnet.org 프로젝트를 진행 중이다. 구글 또한 2014년에 태양광 발전으로 최대 5년간

비행을 계속할 수 있는 드론을 개발하기 위해 타이탄 에어로스페이스(Titan Aerospace)를 매수하여 하늘을 이용하여 인터넷 환경을 구축하는 프로젝트 룬(Loon)을 진행 중이다. 그리고 일본의 정보통신연구기구는 무선 중계 장치를 내장한 소형 고정익기 드론을 재난지역에 날려 통신환경을 구축하는 프로젝트를 계획하고 있다. 이미 일본 내 각지에서 120기 이상을 실험했고 총 비행시간은 70시간 이상에 이른다.

뒤에 소개하겠지만, 드론을 재해에 대응하는 용도나 재해 지역을 지원하는 용도로 이용하는 방법에 관해서는 무궁한 아이디어가 나오고 있다. 통신환경을 구축하는 용도와 함께 자연재해가 발생했을 때 누구보다 빨리 달려가는 것은 구급대원과 드론이 될 것이다.

용도 ④ : 지키다

전기·전자 분야의 학회 IEEE가 발행하는 잡지 『IEEE 스펙트럼』의 편집자 폴 워릭(Paul Wallich)은 초등학생 아들이 매일 무사히 학교에 다니는지 걱정스러워 집에서 400m 떨어진 곳에 있는 버스정류장까지 배웅하는 드론을 만들었다. 드론은 아들의 가방에 설치된 GPS 비컨(Beacon)을 단서로 자동으로 아들 뒤를 추적하며 영상을 촬영한다. 현실적으로 기후 등에 영향을 받기 때문에 아직 실용화 단계는 아니지만, 어느 나라에서나 아이들의 통학 환경에 관해서는 관심이 높다. 머지않아 추적 기능이 있는 휴대전화가 아닌, 소형 드론이 아이들을 배웅하는 시대가 올지 모른다. 아직은 황당한 소리로 들릴지 모르지만, 드론의 이동능력과 정보수집 능력이 발달하면 결코 불가능한 이야기가 아니다. 실제로 아주

고성능이 아니더라도 이미 다양한 분야에서 드론의 '지키기' 기능은 제역할을 다 하고 있다.

예를 들면 드론을 이용해 야생생물의 생태를 관찰하거나 밀렵으로부터 보호하는 실험이 시작되었다. 스페인의 드론 제조업체 'HEMAV'는 '레인저 드론 프로젝트'를 개발 중이다. 남아프리카에서는 2014년 1년 동안 코뿔소 1,215마리가 밀렵되었다. 이는 최악의 기록으로 밀렵은 해마다 증가하고 있다. 이런 추세라면 2026년 코뿔소는 멸종될 위기에 놓인다. 이런 멸종위기의 동물을 보호하기 위해서 드론을 활용하자는 것이 HEMAV 프로젝트다.

지금까지는 헬리콥터를 사용하여 밀렵 행위를 상공에서 감시한다든지 코뿔소의 생식상태를 확인하는 작업을 해왔다. 하지만 기존 헬리콥터는 기체도 소리도 커서 코뿔소를 놀라게 하거나 밀렵꾼들에게 먼저 들켜버릴 뿐 아니라 고도가 너무 높아 풀숲에 숨어 있는 코뿔소나 밀렵꾼을 발견하지 못한다는 문제점이 있었다. 또 헬리콥터를 운용하려면 비용이 많이 들고 밀렵꾼들은 범죄조직이나 테러리스트로부터 군용 총기류 등을 지니고 있어 공격당할 위험도 컸다.

이런 이유로 소형 드론이 나서게 되었다. HEMAV는 자율성능과 적외선카메라를 탑재한 고정익기를 개발하여 국립공원을 감시하고 지상에서 관리하는 레인저에게 실시간으로 정보를 제공하는 시스템을 만들었다.

이 시스템은 먼저 레인저가 감시하고 싶은 지역과 감시 패턴을 선택한다. 그리고 사용 가능한 드론의 숫자를 입력하면 관리 소프트웨어가 가장 효율적인 비행경로를 산출하여 드론에 지시를 내린다. 드론은 지정된 경로를 날아가 아무 일도 없으면 감시를 마치고 기지로 귀환한다. 수상한 사람이나 물건(밀렵자들의 캠프나 탈 것 등)이 있으면 그 위치정보가 레인저에게 통보된다. 또 특정 위치를 지정하여 드론을 급히 보내 현장의 상황을 파악하는 데에도 사용한다. 드론은 1대에 약 1만 유로(약 1,200만 원)의 비용이 들지만 그래도 기존의 방법보다 저렴하니 여러 대를 준비하여 넓은 지역을 단시간에 탐색할 수 있다.

무장한 밀렵자나 멸종위기에 처한 동물 때문에 고민하는 곳은 남아프리카 말고도 많다. HEMAV는 아시아나 남미 국립공원에도 이 시스템을 판매하여 각각의 요구에 맞게 시스템을 조정하는 중이다.

다행히 일본에서는 밀렵꾼과의 전쟁은 벌어지지 않았지만, 감시가 필요한 다른 대상이 존재한다. 바로 '노후된 인프라'다.

1960년대의 고도경제성장기에 일본에는 많은 사회 인프라가 정비되었지만, 반세기가 지난 지금 대부분이 사용연한 시기가 되었다. 그래서 보수나 유지관리가 필요하지만 관리해야 할 숫자는 너무 많아 필요한 인원이 압도적으로 부족하다. 교량의 경우만 해도 국토교통성의 발표에 의하면 2013년에 건설한 지 50년이 지난 교량의 수는 약 7만 1,000개로 전체의 약 18%였다. 2023년이 되면 약 17만 1,000개로 전체의 43%가 될 것으로 예상한다. 두 배 이상으로 늘어나는 것이다. 그런데 작은 행정구역일수록 교량 보수·유지 업무에 종사하는 토목기술자가 없는 지역이 많다. 또 지방공공단체가 이용하는 점검방법은 76%가 멀리서 살펴보는 정도여서 '점검의 질에도 문제가 있다'는 지적이다.

이렇듯 압도적인 인력 부족을 해결하는 방법 중 하나가 드론을 이용한 인프라 점검이다. 교량의 아랫부분을 점검하려면 멀리서 망원경으로 관찰하거나 교량점검차라 불리는 특수한 크레인 차를 준비하고 사람이 탈 수 있는 플랫폼을 다리 아래에 꽂아서 점검해야 한다. 그러나 드론이라면 자유롭게 공중을 이동하며 접근해 파열 등을 매우 자세히 확인할 수 있다. 또 적외선 카메라를 사용한다면 눈으로 확인할 수 없는 이상도 포착할 수 있다.

'지킨다'는 드론의 궁극적인 용도는 재해 현장에서의 활용이다. 2015년 4월 25일, 네팔에서 강도 7.8의 지진이 발생했다. 그 지진으로 많은 건물이 붕괴했을 뿐 아니라 눈사태와 산사태가 일어났고 강도 6 이상의 여진도 계속 이어졌다. 피해는 옆 나라 인도네시아나 중국으로 광범위하게 퍼졌고 사상자가 8,000명 이상에 이르는 대재해였다.

이곳에 드론이 피해 상황을 확인하는 용도로 사용되었다. 드론의 인도적 활용을 지원하는 단체인 휴머니타리안 UAV 네트워크(UAViators)에 따르면 적어도 9개의 지원조직이 드론을 활용했다고 한다. 캐나다의 드론 제조업체인 에리온 연구소, 재해지원조직인 글로벌메딕(Global Medic), 미국 스카이캐치(Skycatch), 영국의 NGO 단체 서브온(Serve On) 등의 기업이나 단체가 현지에 드론을 띄워 올려 상공에서 촬영했다. 대지진의 여파로 네팔 정부가 우왕좌왕하는 사이 드론이 촬영한 영상이 피해현황을 확인하는 중요한 정보가 되었다. 또 적외선카메라를 탑재하고 촬영하여 무너진 건물더미 안에 있는 체온을 감지하여 생존자를 발견하는 데도 중요한 역할을 하였다.

일본에서도 자연재해가 발생하면 피해 상황 파악이나 생존자 발견에 드론을 이용하는 방법을 추진하고 있다. 슈도대학도쿄의 이즈미 다케키 교수는 오래 전부터 드론을 이용한 환경조사를 실시하는 한편 피해 지역에서 드론을 활용하는 방법을 모색하고 있다. 이즈미 교수는 2014년 8월에 히로시마 시 아사미나미 구에서 산사태가 발생했을 때 급히 현장으로 가서 사람이 들어가지 않고는 확인할 수 없었던 상류의 모습을 촬영했다. 이때 촬영한 영상으로 상류에서 내려올 물의 양을 확인하고는 수색활동을 어디까지 계속해야 하는지를 판단할 수 있었다.

또 2012년 4월에는 미야기 현 이와누마 시에서 동일본대지진의 피해지를 공중에서 촬영하여 조사하였다. 그 영상을 본 지역 소방대원들은 '지진이 발생했을 때 이런 장비가 있었다면 도움이 됐을 텐데'라며 안타까워했다. 지진이 발생했을 당시 쓰나미 경보가 내려졌지만 실제로 쓰나미를 눈으로 볼 수 있는 상황이 아니었기에 주민들은 위험을 실감할 수 없었다. 영상으로 조금이라도 더 빨리 확인했더라면 대피의 시점과 대응 방식이 달랐을 것이다. 또 상공에서 복구하고 있는 지역을 촬영한다면 진행 상황을 수시로 알릴 수 있을 것이다. 이즈미 교수는 이런 드론의 사용법은 현대판 '화재 감시용 망루'가 될 거라 장담한다.

그리고 재해가 발생한 후에는 '정기적으로 피해지를 상공에서 촬영하여 점차 복구되어 가는 마을의 모습을 알리자'는 아이디어도 나왔다고 한다. 피해지에는 사람들의 관심으로부터 멀어져간다는 소외감과 함께 '피해지'라는 부정적인 이미지가 계속 남아 있다. 그런 선입관을 해소하고 현재 상황을 바르게 전하는 방법으로 드론을 유용하게 활용할 수 있을 것이다. "처음에는 (UAV를) 공간정보과학의 일종으로 데이터를 얻기

위한 플랫폼이라 생각했지만, 실제로 피해지에서 활용해보니 피해대책
이나 복구지원 분야에서의 UAV 활용이 가진 잠재력을 실감했다"라고
이즈미 교수는 말한다.

새로운 용도가 생겨나다

컴퓨터의 용도를 모두 말해보라고 한다면 사람들은 어떻게 대답할까?
그걸 어떻게 전부 말하느냐는 대답이 돌아올 것이다. 컴퓨터는 다양한
용도로 활용할 수 있는 인프라와 같은 존재이기 때문이다.

하지만 컴퓨터가 발명되었을 당시에는 그렇게 생각하지 않았다. 미
국의 물리학자로 미국에서 처음으로 전기기계식 계기판을 고안한 하워
드 에이킨(Howard Aiken)은 1950년대에 컴퓨터가 비즈니스에 활용된다
는 사실을 알고는 누구보다도 놀랐다고 한다. 컴퓨터를 개발한 학자들
은 컴퓨터를 과학에서 문제를 풀기 위해서 사용하는 기계라고만 생각했
다. 그래서 여섯 대 정도의 컴퓨터만 있으면 미국 내에 있는 모든 계산
을 할 수 있을 거라 예측했다. 그러나 현재 구글이나 마이크로소프트 등
의 거대 IT 기업 한 곳에서만도 수백만 대의 서버를 관리한다. 여기서
중요한 것은 컴퓨터라는 도구를 만든 인간조차도 그것이 이렇게 다양한
목적으로 사용되리라고는 상상하지 못했다는 점이다.

1장에서 언급한 세계 최초로 카메라를 탑재한 휴대전화 'VP-210'도
카메라가 바로 앞부분만 비추었다. 즉 외부 풍경을 찍기보다는 화상 전
화가 가능하도록 설치된 것이었다. 그러나 이후로 휴대전화의 카메라는

자신이 본 풍경을 상대에게 전하는 장치로 보급되었다. 때때로 새로운 제품의 개발자와 그것을 사용하는 사용자 사이에는 그 제품을 '어떻게 사용할까' 하는 점에서 괴리가 생기기도 한다.

지금 드론의 세계에서 일어나는 일도 마찬가지다. '계산'에 관한 잠재적인 니즈가 다양한 업계에 존재하고 컴퓨터가 그에 대응해왔듯이 '공중'을 이용하려는 잠재적인 니즈가 곳곳에서 발견되어 그곳에 드론을 활용하려 하고 있다.

이 장에서 몇 가지를 소개했지만, 개발 당사자인 연구자나 제조업체의 시점에서 모든 가능성을 생각해내기는 불가능하다. 사용자의 입장에서 필요하다는 목소리가 들린다면 드론의 용도는 끝없이 생겨날 것이다.

드론 업계의 핵심인물에게 묻는다

고바야시 다케루(コバヤシタケル)

주식회사 버드맨 테크니컬 디렉터 / 디바이스 엔지니어

디바이스에서 시스템 제어, 프로그래밍까지 하드웨어와 소프트웨어를 구사하는 엔지니어. 광고 콘텐츠에 관한 디바이스와 시스템의 기획·개발에 참여하고 있다. 크록스의 이벤트 '공중 스토어'에서는 드론의 기체부터 시스템 구축에 이르기까지 기술적인 면을 담당했다. 버드맨 최고기술책임자(CTO).

'드론은 추락한다'는 전제 아래 기획해야 한다

Q : 저(필자)도 이벤트에 딸을 데리고 참가했습니다만 딸 아이 차례에서 드론은 스니커를 잡는 데 실패했습니다. 사실 차례가 오기 전부터 몇 번 계속 실패해서 인지 딸의 다음 차례부터는 기체를 바꾸더라고요. 그랬더니 그 다음에는 바로 성공해 행사장에서 박수갈채가 터져 나왔던 것이 기억에 남습니다. 이런 상황을 미리 상정하고 드론을 여러 대 준비하셨나요?

고바야시 : 사실 드론을 7호기까지 준비했습니다. 원래 계획은 오른쪽과 왼쪽에 한 대씩 설치하고 동시에 2대를 띄워 운용할 예정이었습니다. 백업용을 포함해 좌우 3대씩 준비하고 거기에 예비로 한 대를 더해서 7대가 되었죠. 하지만 여러 이유로 실제 행사에서는 1대씩 운용했습니다.

크록스의 이벤트에서 신발을 들어 올린 드론. 제공: 버드맨

Q : 태블릿 단말기로 드론에 지시를 내리는 참가자와 드론의 이착륙 지점과는 안전을 고려하여 거리를 두었고 그 사이에는 그물로 펜스를 설치했습니다. 드론에 관한 명확한 규정이 없는 가운데 어느 정도 거리를 두면 좋을지 행사장의 배치는 어떻게 할지 등 안전 확보에 관한 준비는 어떻게 하셨나요?

고바야시: 우리는 '드론은 반드시 떨어진다'는 전제하에 기획했습니다. 그래서 안전대책을 상당히 엄격하게 준비했습니다. 진행은 가능한 한 단순하게 하고 드론이 떨어진다는 가정의 시뮬레이션을 반복해 보았습니다. 또 안전대책 중 하나로 '드론이 조금이라도 이상한 움직임을 보인다면 떨어뜨린다'는 규칙을 정했습니다. 언제든지 무선단말기에서 조종할 수 있어 무슨 일이 생긴다면 전원을 꺼 추락시키도록 말이죠. 이번에

날린 드론은 속도가 그리 빠르지 않아서 전원을 끄면 거의 곧장 아래로 떨어집니다. 그리고 떨어질 때의 거리를 계산하여 참가자와 드론 사이의 간격을 정했습니다. 또 스니커를 두는 진열대에 경사면이 있어서 드론이 굴러 떨어져도 지장이 없도록 그물망을 쳤습니다.

Q : 처음에 드론을 이용하자는 아이디어는 어디에서 나온 것입니까?

고바야시 : 광고대리점 측에서 '이런 것도 가능합니까?'라는 문의가 있었습니다. 그 말을 듣고 제가 '가능합니다!'라고 답해 일이 시작되었죠(웃음). 원래 광고에서 제어에 관한 부분을 담당하고 있었고, 드론에 관해서는 이번 광고 건으로 이야기가 나오기 전부터 관심을 두고 있었습니다. TED에서도 화제가 되었기에 드론을 무대 위에 올리자는 의견도 나왔습니다. 또 광고에서 이용되는 사례를 보고 반드시 이런 식으로 제어가 가능할 거라 짐작해보곤 했습니다. 이론적으로는 이해하고 있었기에 제의가 왔을 때 바로 받아들였습니다.

이번 이벤트가 성공한 원인은 우리와 광고대리점·클라이언트 이렇게 세 회사가 하나가 되어 기획을 진행했다는 점이 크다고 생각합니다. 그랬기에 불안한 요소가 언급될 때도 다른 형태로 진행하자는 새로운 대안과 아이디어 검토가 가능했습니다.

Q : 실현하기까지 어느 정도 시간이 걸렸습니까?

고바야시 : 6개월 정도 걸렸습니다. 처음 3개월은 기본이 되는 드론 기체를 어떤 기종으로 할지 검토하였습니다. 실제로 스니커를 들어 올릴

수 있는지, 회전 날개는 몇 개가 좋은지, 기체의 크기는 어느 정도가 좋은지를 검증했습니다. 직접 기체를 조립해보기도 했지만, 최종적으로 DJI의 F450을 선택했습니다. 그리고 중반에 접어들었을 무렵부터 어떻게 드론에 스니커를 운반시킬지를 검토하기 시작했고 동시에 드론을 어떻게 제어할지도 개발하기 시작했습니다.

그러던 중 기체제어에도 모션캡쳐를 활용하기로 했습니다. 기존의 모션캡쳐는 사람의 움직임을 읽고 CG로 똑같이 움직이게 하는 식으로 사용합니다만 같은 장치로 드론의 위치를 파악하는 데 사용했습니다. 6대의 전용 카메라로 촬영해 지금 드론이 어디를 날고 있는지 데이터를 얻었습니다. 그 데이터를 바탕으로 다음 지시를 내립니다. 기존의 멀티콥터를 조종하는 데는 무선 조종기를 사용하지만, 이번에는 드론과 PC를 연결하여 PC로 조종했습니다.

Q : 이번 이벤트는 도쿄미드타운 내 천장이 높은 공간인 '아트리움'에서 열렸습니다. 장소 선정은 어떻게 했습니까?

고바야시 : 몇 군데 후보가 있었지만 역시 높은 곳이 필요했기에 천장이 높고 넓은 장소로 범위를 좁혀나갔습니다. 그리고 이런 이벤트를 열어도 흔쾌히 이해해줄 만한 장소가 후보로 거론됐습니다. 아트리움은 2층과 3층에서도 홀이 내려다보여 많은 관객이 이벤트를 볼 수 있다는 점이 포인트였습니다.

Q : 앞에서도 언급했습니다만, 드론은 신발을 잡는 데 완벽하게 성공하진 못하

고 실패할 때도 있었습니다. 실패에는 무엇이 영향을 미쳤습니까?

고바야시: 먼저 드론이 비행하는 위치는 0.1mm 단위로 정확하게 파악할 수 있습니다. 그러나 실제로 정확한 목표지점으로 드론을 데려가도록 제어하기는 매우 어렵습니다. 스니커의 윗부분에는 지름 16cm의 금속제 장치가 부착되어 있고 그것을 향해 드론이 전자석 팔을 뻗게 되어 있습니다. 그런데 위치가 플러스마이너스 5cm를 벗어나면 스니커를 잡고 날아오를 수 없습니다. 즉 오차 범위 5cm 내의 장소로 드론을 정확하게 데려가야 하는데 그것이 상당히 어렵습니다. 오차가 30~40cm 정도라면 문제없지만 몇 센티미터 단위로 이동하는 것은 어렵습니다.

어려운 이유는 먼저 기류를 들 수 있습니다. 아트리움이 실내라고는 해도 기류가 존재해 드론의 비행에 영향을 미칩니다. 또 기체의 차이도 있습니다. 아까 기체를 바꾸니 성공했다는 이야기를 하셨는데 실은 성공률 70% 정도의 기체와 90% 정도의 기체가 있었습니다. 좌우 양쪽에서 동시에 운용하는 기획을 단념한 것도 개체 간의 차이가 이유입니다.

재미있는 점은 90% 성공하는 기체를 계속 사용하면 박수가 터지지 않았습니다. 드론이 계속 성공하면 관객들은 '아, 이 드론은 반드시 신발을 가져다주는구나!' 하는 시선으로 봅니다. 그럴 때 70% 성공하는 기체를 투입하면 가져다주지 못하는 드론이 생겨나고 그 기체가 성공하면 다시 박수가 터져 나옵니다. 개최자로서는 100% 성공하는 기체를 만들어야 하지만 100% 성공하지 않는 편이 이벤트로서는 흥을 돋우는 묘한 상황이지요.

Q : 기체 간에 차이가 발생하는 이유는 무엇입니까?

고바야시 : 아주 사소한 점에서 차이가 발생합니다. 예를 들어 모터 하나하나에도 개체차가 있습니다. 기분 좋게 돌아가는 모터도 있고 조금 걸리는 것처럼 느껴지는 모터도 있습니다. 분해해보면 부품이 아주 미세하게 어긋나 있다든지 그렇지요. 앞에서 말했듯이 30~40cm 정도의 오차가 허용된다면 문제는 없습니다. 하지만 cm 단위로 제어해야 한다면 그 정도 차이도 문제가 됩니다. 드론은 공중에 떠서 어떻게 보면 무중력 상태에 있으므로 미세한 차이라도 바로 균형이 흐트러집니다.

이번 이벤트를 위해서 드론을 첫 단계부터 만들어보기도 했습니다만 그 과정을 통해서 드론은 상당히 섬세한 물건이라는 사실을 뼈저리게 느꼈습니다. 직접 드론을 조립해보면 불안정한 부분이 있다는 사실을 알게 됩니다. 사서 바로 날릴 수 있는 DJI 사의 팬텀 같은 경우는 당연하다고 생각할지 모르지만 실은 대단한 겁니다.

Q : 이와 같은 기획을 하려는 사람에게 어떤 충고를 해주고 싶습니까?

고바야시 : 크기가 큰 드론을 이용하는 편이 좋다고 말하고 싶습니다. 게다가 회전날개 4개인 쿼드콥터가 아닌 6개의 헥사콥터를 사용하는 편이 좋을지도 모릅니다. 실제로 이번 이벤트를 위해 검증했습니다만 크면 클수록 스니커를 깨끗하게 들어 올립니다. 하지만 큰 드론을 사용하지 않은 이유는 '커다란 드론이 작은 스니커를 들어 올리는 것은 당연하다'는 인상을 주기 때문입니다. 그래서 가능한 한 작은 기체로 크록스의 상품을 들어 올리게 하자는 것이 우리의 시도였습니다.

또 하나는 아까 말했듯이 '드론은 떨어진다'고 전제하고 기획해야 합니다. 드론이 급속히 보급되는 이유 중 하나로 플라이트 컨트롤러의 성능이 좋아지고 게다가 싼값에 구할 수 있게 된 점을 들 수 있습니다. 이전의 무선조종 헬리콥터는 조종하기 상당히 어려웠지만, 최근의 멀티콥터는 개선을 거듭한 플라이트 컨트롤러를 내장하고 있어서 안정감 있게 비행할 수 있습니다. 그리고 취미용 제품이 계속 나와서 누구라도 구해서 날릴 수 있게 되었습니다. 하지만 그렇게 다루기 쉬운 존재가 되어버렸기에 유지·보수하는 것을 잊어버리거나 소홀히 하기 쉽습니다. 어딘가에서 조금이라도 부딪친 기체는 다시 사용하지 않는 편이 좋다는 것이 몇 번이나 테스트를 거듭하면서 얻은 교훈입니다.

기본적으로 드론이 떨어지는 원인은 사람에게 있습니다. 사람이 설정을 잘못했다든지, 유지·보수를 소홀히 했다든지, 전파 상태를 확인하지 않았든지 등등, 사람이 점검해야 할 부분을 빠트린 것이 원인이 되어 떨어집니다. 드론이 날아다니는 것, 그 자체가 기적 같은 일이라는 사실을 잊지 말아야 합니다.

(2015년 6월 2일 취재)

CHAPTER 03

시스템에
연결하라

THE SINGULAR
IMPACT OF
DRONE BUSINESS

시스템의 힘

1886년 벤츠와 다임러가 각각 가솔린차를 개발하면서 우리가 아는 '자동차'의 역사가 시작되었다. 2016년이면 160주년을 맞이하는데 그 사이 관련 기술은 크게 발전했고, 면허제도 등 시스템도 정비되었다. 또 자동차를 토대로 버스나 택시, 택배 등 방대한 비즈니스가 구축됐다. 전기자동차나 수소자동차 같은 새로운 동력기술 영역을 제외하면 자동차는 이미 발전할 만큼 발전한 도구이다.

그런데 지금 자동차 역사에 새로운 페이지가 더해지고 있다. 그 주인공은 바로 미국의 벤처 기업 우버다. 우버는 택시나 전세 승용차를 배차하는 스마트폰용 앱이다. 세계 54국에서 사업을 전개하고 있고 2009년 창업해 얼마 되지 않았음에도 이미 시가 평가액이 400억 달러(약 45조

원)를 넘어섰다. 택시의 배차 간격에 관해서라면 이전부터 우수한 시스템을 갖춘 나라들이 있다. 어떻게 그것만으로 400억 달러나 되는 시가 총액을 달성할 수 있었을까?

비결 중 하나는 '우버-X'라는 기능이다. 이 기능은 합승이 가능한 서비스로 택시 면허가 없는 일반인이라도 우버에 등록하고 정해진 심사를 받기만 하면 운전사가 될 수 있다. 운전사가 된 순간부터 24시간 택시기사로 일하는 것은 아니고 자신이 일하고 싶은 시간에 원하는 고객을 태우면 된다(우버에는 고객과 운전사가 승차 후에 상대를 평가하는 시스템이 갖추어져 있어서 평가가 좋지 않은 상대를 사전에 피할 수 있다). 사용자는 자신이 비어 있는 시간과 잠자고 있는 자가용을 효과적으로 활용하여 부수입을 올릴 수 있다는 장점이 있다. 더불어 배차 요구에 바로바로 응답하니 이용객의 입장에서도 무척 매력적이다.

요금에 관해 우버는 다이내믹 프라이싱(Dynamic Pricing), 즉 수요와 공급에 맞춰서 요금이 달라지는 방법을 채택한다. 과거의 이용 데이터를 세세하게 기록하여 축적된 대량의 데이터를 알고리즘으로 분석한 다음 최적의 요금을 자동으로 설정한다. 이 자동 설정에 의해 요금이 터무니없이 높아져 승객과 문제가 발생하는 사례가 보고되기도 했지만, 일반적으로는 우버-X와 결합하여 택시보다 빨리 승차할 수 있고 가격도 저렴하다는 평가를 받는다.

실제로 우버가 진출한 도시에는 기존 택시회사의 매출이 감소하는 사례가 속출했다. 결국 파리의 택시 운전사들이 항의 시위를 벌였고(편집자 주 – 한국에서도 불법이라는 결론이 내려져 현재 한국에서 우버는 시행되고 있지 않다), 미국의 포틀랜드와 같이 우버 형식의 배차 서비스가 택시 회사에 미치는 영향을 시에서 조사하는 지역도 생겨났다. 특히 유럽과 미국에서는 택시 운전이 이민자나 실업자의 생활 기반을 잡는 데 큰 역할을 하는 직업이어서 사회 문제로까지 확대될 가능성도 있다. 등장한 지 고작 6년밖에 안 된 서비스가 업계나 사회의 기존 구조를 흔들고 있는 것이다.

우버가 우리에게 가르쳐준 것은 시스템의 힘이다. 이미 완성된 기술이나 도구라도 그것을 어떤 시스템에 적용하는가에 따라 생겨나는 가치는 크게 달라진다. 도구 자체가 큰 힘을 일으킬 뿐 아니라 그것을 적용한 시스템이 생성하는 가치 덕분에 그 영향력이 한층 증폭되는 것이다.

비즈니스용 드론의 세계에서도, 관건은 '드론이라는 기체를 어떤 시스템에 적용시키는가'라는 걸 인식하기 시작했다.

농업의 예를 들어보자. 드론의 '나는' 능력 덕분에 농지를 저고도에서 촬영해 작물의 발육 상태를 파악해 효율적으로 정보를 수집하고 관리한다고 2장에서 소개한 바 있다. 이것만으로도 문제를 조기에 발견하고 관리 비용을 줄이는 등 농가에 많은 도움을 줄 수 있다. 여기에 더해 농지를 관리하는 포괄적인 시스템을 구축할 수 있다면, 그런 다음 시스템 안에 드론으로부터 얻은 데이터를 전달한다면 훨씬 더 생산적인 결과를 만들어낼 것이다.

최근에 농촌은 '정밀농업'을 적극적으로 도입 중이다. 정밀농업(스마트 팜이라고 부르기도 한다)은 1990년대 미네소타 대학의 토양학자가 창안한 것으로 작물이나 토양의 정보를 세밀하게 분석한 정보를 바탕으로 비료의 투입량 등 적절하게 대응하는 농법을 가리킨다. 이로써 비용을 줄이고 수확량을 늘릴 수 있다. 특히 처음에 실시하는 정보수집의 목표는 같은 농지 내에서 작물의 생육 상태나 토양의 상태를 정확히 파악하는 것이다. 이러한 정보 수집과 분석이 최근 ICT 기술 발전에 의해 가능해져 각광받고 있다.

시장조사회사 마켓앤드마켓은 2020년까지 전 세계 정밀농업 관련 시장의 규모가 45.5억 달러(약 5조 1,500억 원)에 달할 것으로 예상한다. 비교하자면 2020년까지 일본 내수 시장은 약 308억 엔(약 2,890억 원)에 달할 것으로 야노경제연구소는 예측했다.

그렇다면 드론이 모은 데이터를 각종 관리 시스템과 직접 연계하는 방법도 생각해볼 수 있다. 정밀농업을 성공적으로 이끄는 데에 중요한 것은 정확하고 풍부한 데이터를 계속해서 모으는 일이다. 그러나 인간이 직접 확인하거나 항공기를 이용해 높은 곳에서 촬영하거나 혹은 위성 화상을 이용한다면 효율은 떨어지고 비용은 높아진다. 이때 자율적으로 비행하는 드론은 빠진 퍼즐 조각처럼 들어맞는다.

바로 이런 서비스를 제공하는 회사가 미국의 애그리보틱스(Agribotix)다. 애그리보틱스는 농업용 드론을 판매하지만, 기체를 제공하는 것뿐만 아니라 데이터를 클라우드에서 분석하고 보고서를 작성해주는 서비스까지 제공한다. 또 이 회사가 2015년 1월에 발표한 '당신의 드론을 가져오세요'(Bring Your Own Drone) 데이터 처리 서비스는 클라우드형 솔루션으로 세계 어디에서, 어떤 무인기를 사용하여 모은 데이터라도 입력하여 분석하고 보고서를 작성해주는 서비스다. 작성한 보고서는 다른 농업관리 시스템에 입력해서 활용할 수도 있다. 지금은 오히려 이 분야의 비즈니스의 비율이 높다고 한다.

예를 들어, 농부가 자신의 드론을 이용해 논밭의 사진을 찍어 그 파일을 애그리보틱스의 서비스에 넘기면 파일이 연결되어 1장의 지도가 되고 각각 다른 색으로 발육 상태가 표시된다. 이어 이 지도 데이터를 농기계 관리 시스템에 보내면 자동으로 비료를 뿌리는 등의 작업으로 연결된다. 실제로 한 농가에서는 애그리보틱스의 서비스를 이용하여 작물의 발육상태를 분석한 뒤 농지에 필요한 부분만 비료를 뿌려 비료 사용량을 40% 절감했다고 한다.

농업 분야의 ICT 시스템에서는 각종 데이터의 표준화를 진행하여 앞으로 점점 다른 기기나 시스템과도 데이터를 공유할 수 있게 될 것이다. 그렇게 된다면 저고도에서 효율적으로 데이터를 모을 수 있는 드론이라는 존재는 점점 중요해진다.

애그리보틱스의 서비스처럼 어떤 드론이 모은 데이터라도 입력할 수 있는 시스템은 늘어날 것이다. 그러면 사긴 했지만 긴 시간 사용하지 않은 채 방치하는 드론을 자주 이용할 수 있게 되니 드론을 이용하는 비용은 점점 저렴해질 것이다. 우버 택시처럼 말이다.

최근 애그리보틱스는 또 다른 미국기업인 어웨어(Awhere)와 제휴를 시작했다. 어웨어는 기후나 작물가격, 토양 등 농업에 관한 온갖 데이터를 종합하여 미래를 예측하고 농가의 의사결정에 필요한 데이터를 제공하는 회사다. 갖가지 데이터를 종합하여 농작물의 발육을 모델화하는 것이다. 애그리보틱스가 수집·축적한 드론 관측 데이터는 새로운 자료로 입력된다. 또 어웨어도 애그리보틱스에 기후나 풍력 등의 데이터(드론이 안정적으로 비행할 수 있는 중요한 조건들)를 제공한다. 데이터를 기본 축으로 더 큰 시스템에 연결함으로써 드론을 운영하는 데도 이득이고 시스템 전체가 생성하는 가치도 한층 커진다.

일본도 농업 지역의 인구고령화로 지금보다 적은 노력으로 농지를 관리하는 장치를 마련해야 한다. 또 농사일에 익숙하지 않아도 어느 정도의 성과를 거둘 수 있는 환경이 마련된다면 새롭게 농업에 뛰어드는 사람이 늘어날 수도 있다. 이런 의미에서 정밀농업에 거는 기대는 크고 정밀농업을 뒷받침하는 요소로서 드론의 역할도 크다.

드론과 배송 시스템

미국의 아마존은 드론을 이용해 발주한 뒤 30분 이내에 상품을 배송하는 '프라임에어' 서비스 구상을 발표해 세계인의 눈길을 드론으로 모으는 계기를 만들었다. 실현된다면 고객 입장에서뿐만 아니라 아마존 기업의 입장에서도 배송비 절감이나 서비스의 매력을 높이는 효과가 클 것이다. 그런데 아마존이 생각하는 것은 단순한 드론 배송이 아니다. 아마존이 작성한 특허신청서의 자료를 보면 훨씬 더 큰 규모의 시스템에 드론을 적용하려는 의도를 엿볼 수 있다.

미국 특허상표청의 웹사이트에 공개된 정보에 따르면 아마존의 드론 배송은 드론 본체와 여러 대의 기체를 관리하는 'UAV 관리시스템'으로 구성되어 있다. 고객이 드론 배송을 주문하고 '내가 있는 곳으로 배송'(Bring It To Me) 옵션을 선택하면 고객의 스마트폰으로부터 GPS

위치정보가 수집된다. UAV 관리시스템은 고객의 위치정보를 정기적으로 수집하여 고객이 지금 어디 있는지 확인한다. 고객이 자택에서 떨어진 곳에 있어도 지금 있는 장소로 드론이 찾아갈 수 있도록 비행 경로를 설정하고 기체에 지시하는 방식이다. 우버 시스템이 택시의 승차 데이터를 상세하게 기록하고 축적된 데이터를 분석하여 최적화된 배차 계획을 구축하듯이 UAV 관리시스템도 다양한 데이터를 축적하여 배송을 최적화한다.

그리고 외부에 있는 드론은 기후나 도로상황 등 주변 환경에 관한 데이터를 수집한다. 이를 다른 드론과 공유하여(드론끼리 서로 직접 교환하는 예도 있다), 가장 적합한 비행경로를 산출해내는 방식이다. 목적지에 있는 장해물의 정보까지 사전에 확인하는 방식도 시험할 예정이다. 자동차도 각각 차량에 탑재된 센서로 정보를 수집·집약하여 정체 정보 등을 산출해 내는 텔레매틱스를 장착하는데 그것과 비슷한 발상이다.

일벌이 각각의 생물이라기보다 무리를 이루어 비로소 하나의 생물로서 기능하듯이 아마존의 드론도 여러 대(아마도 상당히 많은)의 드론이 무리를 이루어 기능한다고 생각하면 될 듯하다. 또 당연한 이야기지만 아마존은 지금까지의 사업에서 축적한 방대한 고객정보나 거래정보, 배송정보가 있어서 그것을 분석하면 드론의 가장 짧은 비행거리를 찾아낼 수도 있다(실제로 아마존은 최근에 미래의 수요를 예측하여 가까운 곳까지 재고를 이동시켜두는 특허를 신청했다). 드론이 화물을 싣고 하늘을 난다는 충격적인 모습에만 눈길을 빼앗긴다면 이면에 장대한 시스템이 숨어 있다는 사실을 알아채지 못할지 모른다.

일본에서도 독특한 드론 배송을 시작하려는 기업이 나타났다. 미카와야21(MIKAWAYA21)이 그중 하나다. 미카와야21은 전국의 신문대리점을 주요 거점으로 60세 이상의 시니어층을 대상으로 청소나 물품 구매 대행 등의 생활지원 서비스를 펼치고 있다. 초고령화 사회를 맞이한 일본은 독거노인이나 나이 든 부부만 생활하는 가정이 늘고 있다. 특히 지방에 사는 노인들은 사소한 작업에도 남의 손을 빌려야 해서 고심하는 경우가 많다. 미카와야21은 전국에 약 1만 8,000개의 신문대리점으로 눈을 돌렸다. 신문대리점은 지금까지 아침과 저녁에 신문을 배달하고 한 달에 1번 수금하여 실적을 올렸다. 그곳을 거점으로 하면 지역밀착형 서비스를 벌이기 쉽다.

지역밀착형 서비스의 하나로 그들이 검토하는 것이 드론을 이용한 배송이다. 계획은 다음과 같다. 먼저 콜센터를 통해 고령자가 주문한다. 콜센터는 의뢰를 받아 가장 가까운 신문대리점에 연락한다. 신문대리점에서는 매장에 대기하던 드론을 이륙시킨다. 드론은 주문받은 물품을 판매하는 가까운 가게로 이동한다. 그리고 드론이 가게에 도착하면 점원이 주문받은 물품을 골라 드론에 싣는다. 마지막으로 드론은 의뢰인의 집으로 날아가 거기서 물품을 내려놓은 뒤 대리점으로 돌아온다. 수금은 한 달에 1번, 신문대금을 낼 때 같이 낸다. 이렇게 한다면 수금 방법을 고안할 필요가 없고 기존의 신문대리점 인프라를 활용할 수 있다.

개발 중인 드론의 항속거리는 1km 정도라고 하는데 애초에 가장 가까운 신문대리점을 거점으로 삼으므로 장거리를 비행할 필요가 없다. 또 최대 적재량은 5kg 정도지만 설령 10kg이 넘는 화물을 배송해도 고령자가 혼자서는 집 안으로 옮기기 어렵다. 그래서 배송할 물품은 대부분 5kg 이하라고 예상한다.

미카와야21은 ICT 시스템뿐만이 아니라 기존의 물리적 시스템을 활용하는 방식을 택했다. 새로운 기술인 드론을 활용한다고 해서 모든 관련 인프라를 일일이 구축할 필요는 없다. 편의점이 다양한 서비스의 거점으로 개발됐듯이 찾아보면 드론서비스의 인프라로 활용할 수 있는 시설이 반드시 있다.

드론과 건설 시스템

———

2장에서 소개했듯이 드론을 이용한 공중촬영과 그것을 발전시킨 관측이나 측량은 드론의 유망한 용도 중 하나로 기대되는 분야다. 대형 건설기기 제조업체 고마쓰가 진행 중인 사업은 거기서 한층 발전한 드론 계측의 총합이다.

건설업은 농업 분야와 비슷하게 고령화에 따른 숙련공 부족과 노동인구 부족으로 고민하고 있다. 게다가 건설업자의 약 9할이 종업원 10명 이하, 연 매출 6억 엔(약 56억 원) 이하의 중소기업이어서 대규모의 대책도 세울 수 없는 상황이다. 반면 현실적으로는 재해복구 공사나 2020년 도쿄 올림픽을 대비한 건설 붐 등 건설업에 대한 수요는 높아져 현재 일본 사회로서도 건설 분야의 인력 부족에 대한 대책을 세워야 하는 형편이다. 이에 대한 반응으로 고마쓰는 2015년 2월부터 ICT를 활용한 건설 현장용 솔루션 '스마트 컨스트럭션'을 제공하고 있다.

스마트 컨스트럭션은 정밀농업과 같은 방법을 건설현장에 적용한 방식으로, 공사를 시작하기 전 측량 단계에서부터 완료 후의 유지관리에 이르기까지 다양한 데이터를 수집·종합하여 최적의 시공계획을 세우는 것이 목표다. 그 축이 되는 것이 새롭게 개발한 클라우드 플랫폼 '콤코넥트'(KomConnect)다. 여기에 현장 상황이나 공사의 진행 상태, 인력이나 기계의 상태 등의 정보를 집약한다. 집약한 데이터를 분석하여 시공계획을 시뮬레이션하고 가장 적합한 계획을 결정한다. 또 확정된 시공계획 데이터를 고마쓰가 판매하는 'ICT 건설기계'와 연동한다면 건설현장이 한층 자동화된다. ICT 건설기계는 숙련된 작업자의 조작 데이터에서 산출한 알고리즘으로 건설기계의 작업 정밀도를 센티미터 단위로 자동제어 할 수 있다. 자동제어로 말미암아 초보자도 기존보다 몇 배 많은 생산성을 올릴 수 있다. 그것을 스마트 컨스트럭션에 적용하면 공사 전체 비용을 2~3할 절약할 수 있다고 한다.

그런데 출발점이 되는 '측량' 단계에 문제가 있었다. 건설현장의 상태를 정확하게 측량한 뒤 데이터화 하여 시공계획을 최적화하는 기초로 삼아야 하는데, 거기까지 작업하는 데 시간이 상당히 걸렸다. 하지만 정확한 데이터가 없다면 모처럼 도입한 스마트 컨스트럭션의 장점도 반감된다.

여기에 드론을 떠올렸다. 드론을 이용하여 하늘에서 건설현장의 현재 상황을 측량하고 그것을 3차원 모델화하여 콤코넥트에 축적한다. 그렇게 하면 사람이 1~2개월 정도 걸리는 규모의 측량도 불과 몇 시간이면 마칠 수 있다. 또 측량결과를 데이터화하는 데에도 데이터 처리 프로세스 전체를 자동화하여 드론을 날린 뒤 이틀 이내에 완료하는 것이 목표다.

드론은 미국 스카이캐치 제품의 기체를 사용한다. 스카이캐치의 드론은 충전기능이 있는 이착륙 스테이션(안이 막자사발 형태여서 실외에서도 이착륙하기 쉽게 만들어졌다) 등의 설비를 갖춘 데다 기존의 디지털카메라를 사용해 3차원 측량을 한다. 같은 장소를 조금씩 위치를 바꿔 여러 장 촬영하여 그 사진에서 보인 차이점으로 높이를 산출하여 3차원 모델로 변환한다. 이런 우수한 영상처리 기술 때문에 고마쓰는 스카이캐치를 선택했다.

고마쓰의 서비스에서 드론은 스마트 컨스트럭션이라는 커다란 장치 가운데 일부분이기 때문에 드론을 단독으로 판매하지는 않는다. 어디까지나 뒤에 연결되는 과정을 위해 데이터를 모으는 도구로써 사용되는 것이다. 이 때문에 드론을 제어하는 파일럿 역할은 고마쓰가 자체적으로 훈련시킨 직원이 맡는다. 파일럿은 드론의 비행 경로를 작성하고 측량에 필요한 표적을 지상에 설치한다. 그리고 비행 경로에 장해물이 없는지 재확인하고 비행 전에 드론 기체를 점검하여 현장의 기후조건을 확인하는 등의 작업을 마친 후 드론을 날린다. 즉 고마쓰의 드론 활용 서비스는 이러한 사전·사후 처리까지가 세트다. 덧붙여서 파일럿은 플라이트 시뮬레이터라고 부르는 훈련 7일, 긴급시 대응을 포함한 실제 기체를 날리는 훈련 4일, 안전이나 하드웨어 기초지식 훈련 3일, 현장에서 스카이캐치 사 스태프와 함께 측량하는 현지 훈련 10일, 그리고 확인을 위한 시험까지 약 1개월에 걸친 훈련을 받는다.

스마트 컨스트럭션에서 사용하고 있는 ICT 유압굴착기 제공: 고마쓰

　드론 측량으로 얻는 가장 큰 효과는 높은 정밀도로 3차원 모델을 작성하고 거기에서 현장에 있는 토량을 산출할 수 있다는 점이다. 현장에서는 어느 정도 흙을 움직인 후에 다시 측량하여 최종적으로 조정한다. 하지만 앞서 말했듯이 드론의 측량은 지극히 단시간에 이루어지고, 준비한 흙의 양·쌓아올린 흙의 양을 수집한 데이터에서 즉시 계산이 가능하다. 계산한 결과로 토량이 어느 정도 부족한지를 정확하게 알 수 있다.

　게다가 클라우드 플랫폼에 시공 데이터를 기록·축적해 두면 재해시 도움이 될 것으로 기대한다. 재해 발생 시에 재난 현장을 즉시 측량하여 기록된 시공 완료 당시의 데이터와 대조해보면 복구하는 데 어떤 공사가 필요한지 즉각 판단할 수 있다. 그것을 바탕으로 복구 공사 계획을 작성해 고마쓰의 ICT 건설기계에 보내면 무인기의 도움으로 더욱 빨리 복구 공사를 진행할 수 있다. 어쨌든 빠른 복구 공사의 토대가 되는 데이터를 신속하고 정확하게 파악하는 것이 드론의 역할이고 또 이 작업이 퍼즐의 중요한 한 조각이라고 할 수 있다.

드론 측량에 관해서는 흥미로운 서비스를 제공하는 기업이 또 있다. 2013년에 설립된 미국의 아이덴티파이드 테크놀로지스(Identified Technologies)다. 이 회사가 제공하는 서비스는 고마쓰의 스마트 컨스트럭션과 콤코넥트를 측량 부분으로 특화했다고 표현하면 이해하기 쉬울 것이다. 아이덴티파이드 테크놀로지스도 건설현장에 독자적인 드론을 투입하여 사전에 설정해 놓은 비행 경로대로 상공에 날려서 현장을 측량한다. 이착륙 스테이션에 자동으로 배터리를 교환하는 장치가 부착된 이외에 기체 자체는 별다른 특이점이 없다.

드론이 스테이션에 돌아오면 수집한 데이터를 자동으로 클라우드 플랫폼에 업로드한다. 클라우드에서는 모은 데이터를 분석하여 3차원 모델을 작성한 다음 현장을 파악하거나 토량을 산출하는 데 이용할 수 있다. 이런 방법으로 아이덴티파이드 테크놀로지스는 기존의 방법보다 200배 빠르고 또 60배 잦은 빈도로 측량할 수 있다고 강조한다.

계약자는 아이덴티파이드 테크놀로지스의 그라운드에 언제든지 접속하여 데이터를 이용할 수 있다. 재미있는 점은 휴대전화와 같이 데이터양에 따라 부과되는 요금체계다. 그들이 얼마나 이 분야를 드론이라는 하드웨어를 제공하는 비즈니스가 아니라 데이터를 취급하는 서비스로 파악하고 있는지를 잘 보여주는 사례다. 또 이 요금체계라면 작은 현장을 작업하는 중소 건설회사도 최소한의 비용으로 필요한 만큼의 드론 측량을 이용할 수 있다.

이러한 점을 높이 평가받아 아이덴티파이드 테크놀로지스는 펜실베이니아 주를 중심으로 계약에 성공해 이미 흑자를 달성했다고 한다. 앞서 말한 애그리보틱스나 고마쓰의 스마트 컨스트럭션과 콤코넥트, 그리고 아이덴티파이드 테크놀로지스는 드론을 서비스로써 이용하는 Daas(Drone as a service)의 선두주자로 정착하는 중이다.

드론과 경비 시스템

로봇은 지치지 않고 사람처럼 실수나 착각을 하지 않는다. 로봇에 적합한 일은 무수히 많지만, 그중에서도 경비는 유망한 분야 중 하나다. 늦은 밤에도 쉬지 않고 일하고 방범 카메라가 설치되지 않은 장소까지 살펴 수상한 사람이나 의심스러운 물체를 발견해낸다. 이미 많은 기업이 그 가치를 인정해 경비로봇의 개발과 실용화에 참여하고 있다. 일본 ALSOK가 2002년부터 판매하고 있는 최신 모델 '리보그 X'는 수상한 사람이나 VIP 등의 인물 확인 기능이나, 혼잡한 장소에서도 자율주행이 가능한 회피기능 등이 탑재되어 있다.

미국에서 경비로봇을 개발하고 있는 회사는 실리콘밸리에 거점을 둔 나이트스코프(Knightscope)다. 나이트스코프 사가 개발한 'K5'는 높이 1.5m의 로켓 모양을 한 로봇으로 실외 경비에도 견딜 수 있게 설계되었다. K5도 인물 확인 기능이 있고 범죄자의 데이터베이스와 연동하여 그들을 중점적으로 경비할 수도 있다. 또 자동차 번호판을 읽는 기능도 있어 주차장에 주차된 자동차 가운데 도난차량이나 블랙리스트에 게재된 차량을 즉시 발견할 수 있다.

하지만 그런 K5도 지상을 이동하는 데에 그쳐 인식할 수 있는 범위에 한계가 있다. 또 수상한 사람을 발견해도 자동차로 도망가버린다면 K5가 쫓을 방법이 없다. 그래서 나이트스코프는 클라우드를 통해 K5와 드론을 연계하는 방법을 계획 중이다. 이 둘이 경비원 역할을 분담한다면 어떨까? 드론이 높은 위치에서 수상한 사람을 발견하면 K5가 현장으로 달려가든지, 반대로 K5가 놓친 수상한 사람을 드론이 추적하는 등의 운용이 가능하다. 그러는 사이에 적절한 정보를 경비원과 공유할 수도 있다.

실제로 나이트스코프의 엔지니어 팀에는 카네기멜런 대학에서 하늘을 나는 로봇과 지상을 달리는 로봇이 연계하여 경비원을 지원하는 시스템을 개발한 기술자가 2015년부터 합류했다. 드론·로봇·경비원은 각각 다른 장단점이 있어 이 셋을 서로 보완한 시스템이라면 큰 효과를 발휘할 것이다.

실제로 이미 경비 서비스에 드론을 적용하려는 기업이 있다. 바로 세콤이다. 세콤은 이전부터 드론을 보안 서비스에 적용하는 연구를 하고 있었고 2012년 12월에 이미 '자율형 소형 비행 감시 로봇'의 시험기를 발표했다. 2015년 5월 국제 드론전에서는 더 소형화된 기체를 출전하여 머지않아 자체 개발한 시스템으로 서비스를 제공할 것으로 보인다.

왜 나이트스코프 같은 테크놀로지 계열의 기업이 아닌 경비회사가 스스로 개발에 손을 댔는지 의문이 들지도 모르지만, 실은 세콤은 유명한 경비용 기기 제조회사다. 세콤공업이라는 자회사를 통해 자체적으로 경비용 기기의 연구와 개발을 하고 있고 지금까지도 기술의 진보에 맞추어 다양한 보안 시스템을 생산해냈다. 드론이라는 새로운 가능성에 눈을 돌린 것은 필연이라 할 수 있다.

세콤의 경비 드론은 기존 보안 시스템과 연동해 이상이 감지되면 긴급출동해 현장으로 향한다. 비행은 자동으로 조종되며 공간 정보로 최적의 경로를 산출한다. 수상한 사람이나 의심스러운 차량을 확인하면 추적하거나 영상으로 촬영하여 정보를 관리시스템으로 송신한다.

이외에도 세콤은 지금까지 축적해온 지식과 견해, 노하우를 드론 기술과 운용체제의 구축에 충분히 활용하고 있다. 예를 들어 추적하던 수상한 사람이 건물 밖으로 나갈 경우 드론은 그 이상 무리하게 뒤쫓아 가지 않고 도망간 방향만 확인한다. 그리고 얻은 정보를 경비시스템 전체와 공유하는 대응을 취한다. 또 촬영 데이터를 담고 있는 드론을 탈취당해 영상이 남의 손에 들어가 부정하게 사용되지 않도록 드론 본체에 탑재된 메모리는 가능한 한 적은 용량으로 하고 데이터를 클라우드 측에 송신하게 되어 있다. 드론을 만드는 기술만 있는 회사는 이러한 부분까지 생각해내기 어려울 것이다.

흥미로운 부분은 세콤이 앞으로 전개하려고 하는 보안 시스템의 전체 윤곽이다. 드론을 사용한 저고도 감시뿐만 아니라 길이 15m의 비행선을 도시 상공에 띄워 수상한 사람이나 차량을 엄중히 감시한다. 거기에서 얻은 데이터를 중앙관리센터에서 집약한다. 그리고 이상이 감지되면 드론이나 경비원이 현장으로 달려가는 방식이다. 세콤은 현재 기술 개발에 적극적으로 가담하고 있는데, 특히 드론처럼 발전 중인 기술은 현장의 요구사항을 잘 아는 사용자가 직접 참여한다면 어떤 측면에서든 바람직한 결과를 낳을 것이다.

경비와 비슷한 분야로는 재해 지역에서의 활용을 들 수 있다. 재해의 경우에도 투입할 수 있는 자원은 제한되어 있고 또 사태를 파악하고 대응할 때 지상 혹은 상공에서만 하기는 어렵다. 그리고 대처가 제각각일 경우 효율적이지 않을 뿐만 아니라 오히려 현장에 혼란을 줄 수 있다. 재해 지역에는 드론 한 대를 띄우는 방식이 아닌, 더 큰 시스템의 일부로 드론을 운용해야 한다.

실제로 쓰쿠바 시의 산업기술종합연구소(AIST)에서는 신에너지·산업기술종합개발기구(NEDO)의 위탁사업으로 지상 이동형 로봇과 공중 비행형 로봇을 복합적으로 운용해 '재해조사용 지상/공중 복합형 로봇 시스템'을 연구 중이다. 이 시스템은 산사태나 화산이 터진 직후 사람의 출입이 어려운 상황에서 현장을 파악하는 작업을 한다는 가정 아래, 정해진 고도와 범위를 자율 비행하며 데이터를 모으는 드론, 차량과 함께 이동하여 차량에서 유선으로 전력을 얻어 장시간 점검과 관측을 하는 드론, 또 지표의 샘플을 채취할 수 있는 팔을 가진 차량형 로봇 등으로 구성되어 있다. 그리고 각각의 특성을 살려 모은 데이터는 재해정보 데이터베이스에 집약시켜 지형·지질 정보의 분석이나 가시화 등에 이용할 예정이다. 또 데이터를 시간별로 관리하여 사태의 추이를 파악하거나 재해복구용 시설공사 계획 데이터베이스로 집약하는 방법도 개발 중이다. 이러한 공공시스템은 앞으로 고마쓰의 스마트 컨스트럭션과 같은 서비스와 결합하여 무인기가 모은 데이터를 더욱 신속하게 활용할 수 있는 환경이 실현될 것이다.

드론을 둘러싼 불안감이 높아지는 와중에 방범이나 재난지역 지원에 드론을 활용하는 방법은 폭넓은 지지를 얻으리라 예상한다. 도시의 안전을 지키기 위해서 혹은 생명을 구하기 위해서 다양한 드론이나 로봇, 그리고 사람이 함께 힘을 모으는 시대가 그리 머지않았다.

드론과 자산관리 시스템

구축한 지 오래되어 노후화되는 사회 인프라를 적은 인력으로 어떻게 관리해야 하는지에 관한 문제는 나날이 심각해지고 있다. 그래서 특수한 카메라나 센서를 탑재하여 정밀하게 검사할 수 있고, 인간이 직접 가기 어려운 장소나 너무 넓어 전부 검사할 수가 없는 곳에도 대응할 수 있는 드론에 거는 기대가 크다.

각지에 분산되어 있고 또 규모가 큰 것이 사회 인프라의 특성이다. 단순히 데이터를 자동으로 수집할 수 있는 도구가 늘어나는 정도로는 데이터만 늘어날 뿐 오히려 극히 일부분의 효율성만 높아질 우려가 있다. 인프라 검사용 드론도 상위 시스템과 통합하는 편이 바람직하다.

이런 이유로 사회 인프라나 공장 시설, 설비를 포괄적으로 관리하기 위한 정보시스템 '자산관리시스템'(AMS)이 보급되기 시작했다. 드론이 통합하는 것은 이러한 시스템이 될 것이다. AMS는 말 그대로 다양한 자산의 상태를 관리할 뿐만 아니라 축적된 이력 데이터를 분석하고 노화의 진행 상황을 판단하여 적절한 유지관리 계획을 세울 수 있다. 데이터를 더욱 세세하게, 더 자주 파악한다면 그만큼 '가까운 미래에 어떤 일이 일어날지'를 정확히 예측하고 필요한 시기에 적절한 대책을 세울 수 있다. 따라서 정보를 단시간에 더 싼 비용으로 수집할 수 있는 드론과 AMS의 만남은 매우 바람직하다.

동일본 고속도로는 고속도로의 유지관리에 ICT를 활용하는 '스마트 멘터넌스하이웨이(SMH) 구상'을 2020년부터 실시하기 위해 준비 중이다. 그 중심이 되는 기구가 인프라 관리센터(가칭)이다. 이곳은 동일본 고속도로가 관리하는 모든 인프라에 관한 정보가 종합되는 거점으로 도로교통 관제센터와도 연동시킬 예정이다. 인프라 관리센터에 집약되는 것은 계측차량을 통해 모은 노면 포장 상태나 작업자가 상황보고 지원 시스템에 입력하는 데이터, 유인 헬리콥터가 보내온 조기 경계 정보, 또 교량 등에 설치된 고정형 센서에서 보내온 정보 등 여러 갈래로 나뉜다. 이것들을 모두 모은 대량의 데이터를 분석하여 인프라의 노화를 예측하거나 유지·갱신 계획의 책정, 유지·갱신 비용 예측 등을 실시할 예정이다.

그중에서 드론에 부여된 임무는 상공에서 교량이나 도로를 광범위하게 감시하는 역할과 교량 가까이에서 표면 상태를 관찰하는 두 가지다. 광범위한 감시에는 캐나다의 에리온연구소가 개발한 고성능 드론 '스카우트'를 이용한다. 스카우트는 사전에 설정된 비행경로로 자율 비행시켜 상공에서 촬영하여 얻은 데이터를 바탕으로 작업자가 검사해야 하는 현장의 범위를 좁히는 역할을 할 예정이다. 또 같은 경로로 정기적으로 날리면 일정한 위치를 정기적으로 관측한 데이터를 축적할 수 있다.

한편 교량 가까이에서 점검하는 드론으로는 스위스연방공과대학 출신 벤처기업인 플라이어빌리티(Flyability)와 공동 개발한 구체형 드론을 사용하는 방법을 검토하고 있다. 이것은 소형 드론 주위에 충돌방지용 구형 커버를 씌운 것으로 지름은 40cm 정도다. 보호막이 있으므로 교량 아랫부분이나 옆에 부딪혀도 양쪽의 피해를 최소한으로 줄일 수 있다. 탑재된 카메라로는 0.1~0.2mm 정도의 갈라진 틈도 확인할 수 있는데, 인간이 접근하여 직접 눈으로 확인했을 때와 비슷한 정도의 정밀도다.

SMH는 기술적인 장치뿐만 아니라 안전대책이나 인재육성, 매뉴얼 정비 등의 운영 체계도 만든다. 사람과 기계가 작업을 분담하여 하나의 목표를 향해 나아갈 때 어떤 대응이 필요한지에 대한 하나의 모델이 될 것이다.

해외에서도 대규모 시설 관리에 드론이 위력을 발휘하고 있다. 대형 석유회사 BP는 알래스카에 보유한 프루드베이(Prudhoe Bay) 유전 상공에서 드론을 사용할 수 있는 허가를 2014년 6월에 미국 FAA로부터 얻었다(참고로 이것은 FAA가 미국 내에서 드론의 상용을 허가한 첫 번째 사례다). 그 후부터 시설 점검에 드론을 이용하고 있다.

BP가 채용한 것은 미국 에어로바이론먼트(Aero Vironment)에서 만든 고정익기 '퓨마'다. 기체는 전체 길이 약 1.4m, 날개 길이 약 2.7m로 한 번 충전하면 3시간 30분 동안 비행이 가능하다. 광학카메라나 적외선

카메라, GPS를 탑재하여 촬영한 영상을 실시간으로 보낼 수 있다. 게다가 BP는 퓨마에 레이저스캐너를 탑재하여 상세한 3차원 지형 데이터를 수집할 수 있다.

프루도베이 유전은 미국 최대의 유전으로 시설 면적은 약 8만 헥타르이고 길이 약 1,930km의 파이프라인은 알래스카 만 내의 항구와 연결되어 있다. 광대한 시설을 관리하기 위해서 지금까지는 연간 16만 번을 점검할 인력이 필요했다고 한다. 막대한 비용이 드는데다가 자동차 운행으로 귀중한 알래스카의 자연을 훼손할 우려가 있었다. 그 일에 드론을 이용해 하늘에서 점검하고 또 자동화하는 방법을 연구했다. 비행과 점검은 사전에 정해진 경로에 따라 자동으로 한다. 작업은 극히 단시간에 이루어져 예전에는 3km의 파이프라인을 점검하는데 최대 7일이 걸렸지만, 드론을 이용하면 30분 내에 끝난다고 한다. 수집한 데이터는 BP의 업무시스템에 적용되어 그 후의 보수 계획이나 인력을 투입해 더욱 상세한 점검이나 대처를 해야 할 부분을 추려내는 역할을 한다. 정밀도가 높은 데이터를 얻을 수 있기에 도로의 보수가 필요한 부분을 발견했을 때는 어느 정도의 모래를 운반하면 충분할지 등까지 계산이 가능하다. 작성한 3차원 지도에는 위치정보도 포함되어 있어 폭 8.5m, 길이 40.2m의 거대한 굴삭장치를 가시거리가 좋지 않은 가운데 이동하는 경우에도 활용한다. BP는 알래스카에서의 드론 운용으로 만족스러운 결과를 얻었기에 다른 지역에도 도입을 추진하고 있다.

또한 그 후에 멀티콥터 형 드론도 구매해 더욱 상세한 확인이 필요한 부분에 투입하고 있다.

한편 파이프라인을 점검하는 데에 사용하기 위해 지상을 달리는 로봇을 개발하고 있는 석유회사도 있다. 경비시스템의 예와 마찬가지로 앞으로는 용도에 맞는 드론이나 로봇의 개발과 그것들을 통합하는 시스템의 개발이 함께 진행될 것이다.

이 장에서 다룬 사례 이외에도 다양한 형태로 드론을 시스템에 적용하는 시도가 진행되고 있다. 이런 사례를 보면 드론이라는 기술은 결코 독자적으로 활용되는 것이 아니고 다른 기술이나 제품, 서비스와 밀접하게 연관되어 가치를 생성하는 기술이라는 사실을 알 수 있다. 다양한 가치 창출은 비단 시스템이라는 틀 안에서만이 아니라 드론 자체를 운영하는 데에 관련된 요소도 마찬가지다. 드론이라는 소형 비행기에는 그것을 뒷받침하는 커다란 파생 비즈니스가 존재한다는 사실을 다음 장에서 살펴보자.

드론 업계의 핵심인물에게 묻는다

야스다 미노루(安田稔)

세콤 주식회사 코퍼레이트 광고부 이사·부장

1980년 당시 일본경비보장(현재 세콤)에 입사.
나고야 지사 영업부를 거쳐 1982년부터 본사 홍보실에서 근무.
2012년 이사 겸 코퍼레이트 홍보수석에 취임.

명확한 목적을 바탕으로 개발한다

Q : 세콤은 '드론'이라는 이름으로 화제가 되기 전부터 UAV를 보안 시스템에 활용하기 위해서 연구하고 있었습니다. 거대한 보안 시스템 속에서 드론은 어떤 역할을 맡게 됩니까?

야스다: 현재 계획 중인 소형기 활용 서비스는 인간이 하던 일을 대신한다는 발상으로 설계한 것이 아닙니다. 제공하고 있는 서비스의 질을 높이는 것이 목적입니다.

소형기를 검토하게 된 경위를 간략하게 이야기하자면, 세콤의 주된 사업은 온라인 보안 시스템입니다. 1962년에 창업했고 2년 후인 1964년에 도쿄올림픽이 열렸는데 그 무렵은 경비원이 상주하거나 순찰하면서 경비하는 방식이 일반적이었습니다. 세콤은 올림픽 선수촌의 경비를 담당하면서 비약적으로 성장하는 계기를 마련했습니다만 인력으로 하는 경비가 지나치게 노동집약적인 사업이라는 사실을 깨달았습니다. 예를 들어 한 고객을 24시간 사람이 지킨다면 교대 등을 포함하여 평균 5명의 경비원이 필요합니다. 당시는 고객 수가 적었기에 문제가 없었습니다만 의뢰가 1만 건, 10만 건으로 늘어나면 그만큼 경비원도 늘려야 합니다. 그래서 사람이 해야만 하는 일은 사람이 하고 기계가 대신할 수 있는 부분은 대체하자. 그것이 인간의 존엄을 지키는 길이라는 발상으로 전환했습니다. 가령 센서를 설치해서 감시할 수 있는 부분은 기계가 대신하는 편이 휴식시간이나 사각지대를 신경 쓰지 않아도 되니 오히려 효율적입니다. 이런 경위에서 도쿄올림픽 2년 후인 1966년 일본에서 처음으로 온라인 시큐리티 서비스를 시작했습니다. 고객이 소유한 건물의 창이나 문에 센서를 달아 얻은 정보를 통신회선으로 자사의 컨트롤센터에 보냅니다. 그리고 24시간 감시하면서 이상이 생기면 가장 가까운 긴급출동 거점에서 경비원이 출동하는 방식입니다.

본사가 제공하는 것은 '보안'이라는 서비스입니다. 서양에서는 방범기기를 제공한 뒤 나머지는 경찰에게 맡기는 기업이 대부분이지만 우리는 경비부터 긴급출동 그리고 경찰에 통보하는 일까지 묶어서 대응합니다. 기기는 판매가 아닌 대여 형식으로 제공하고 경비 서비스를 장기간 계약합니다. 이런 방식으로 바꾼 결과 1970년에는 순찰경비를 모두 보안 시스템 경비로 전환했습니다. 상주 경비는 대규모 시설 경비를 중심으로 운영합니다.

이렇게 다양한 고객에게 서비스를 제공하고 있습니다만 고객이 기업인 경우에는 시설의 형태가 여러 가지입니다. 교외에 있는 시설은 건물뿐만 아니라 부지도 상당히 넓습니다. 그럴 때에는 단순히 건물의 안전을 지키는 것뿐 아니라 건물 주위의 부지에도 누군가가 침입했을 때 더 빨리 이상을 감지할 필요가 있습니다. 그래서 최근에는 저녁 9시나 10시경에 문을 닫고 직원들이 모두 퇴근한 뒤 사람이 없을 때도 자사 시스템이 작동하여 부지 내의 침입자를 감시합니다.

이런 경우에는 실외의 침입자를 감지하기 위해 센서나 감시카메라를 설치했습니다만, 부지가 넓으면 그만큼 필요한 기기가 늘어나니 케이블을 깔아야 합니다. 게다가 고정카메라와 고정카메라 사이에 거리가 멀수록 침입자의 모습을 선명하게 포착하기 어려워집니다. 그렇다면 아예 카메라가 대상에 가까이 다가가면 되지 않을까 하는 발상에서 생겨난 것이 '소형 비행 감시 로봇'입니다. 로봇이 사람의 업무를 대신한다는 발상이 아니라 애초에 무인으로 경비하던 부분에 로봇을 도입하여 서비스의 질을 높이자는 생각이었죠.

'드론'이라고 하면 아무래도 무인비행기라는 이미지가 있지만 우리는 드론을 이용하자는 발상이 아니라 보안이라는 목적을 달성하기 위해 어떤 기기가 필요한가를 고민한 결과 이번 소형기 계획을 구상하게 되었지요.

소형기를 이용하기 위한 전제 조건은 당사의 온라인 시큐리티 서비스 도입입니다. 또 무인이라는 데에 의미를 두고 있기에 당연히 전부 자동으로 진행됩니다. 어느 정도의 판단이 가능하기 때문에 침입자를 쫓는다든지 영상을 촬영할 수도 있습니다.

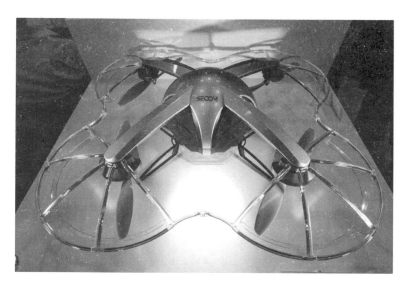

제1회 국제 드론전에 전시된 세콤의 '소형 비행 감시 로봇'

**Q : 그렇다면 현시점에서 넓은 부지가 딸린 건물에는 야외 보안에 드론을 활용
합니까?**

야스다: 그렇습니다. 대상은 시큐리티 서비스를 계약하는 고객의 건물
과 부지입니다. 거기에 소형 비행 감시 로봇을 추가하여 활용하는 방식
이지요. 소형 비행 감시 로봇만 계약하는 형식은 현재로는 고려하지 않
고 있습니다.

　방식을 조금 더 설명하면, 먼저 야간에 건물의 문을 닫아 아무도 없는
상태가 되면 미리 제품으로 제공한 '레이저 센서'가 부지를 감시합니다.
그리고 건물 옥상에는 소형 비행 감시 로봇이 이착륙하는 격납고를 설
치해 둡니다. 수상한 사람이나 차량이 들어오면 레이저 센서로 위치를

찾아내 무선으로 로봇에 지시합니다. 그러면 로봇이 출발해 그 위치까지 날아갑니다. 이때 로봇이 공격당하지 않도록 대상과는 일정한 간격을 두고 추적할 수 있게 설계했습니다.

그렇게 추적하면서 자동차의 경우에는 번호판의 위치를 인식하여 영상으로 담습니다. 또 사람이라면 얼굴이나 행동을 촬영합니다. LED 라이트도 갖추고 있어 촬영은 주위를 밝힌 뒤에 합니다. 그렇게 얻은 영상을 소형 비행 감시 로봇에서 자사의 컨트롤센터로 보냅니다. 센서는 영상을 확인하여 긴급출동 팀이나 경찰에 신고합니다. 단 로봇의 모습을 보고 놀라서 달아난 경우에는 이미 찍은 영상을 경찰에 제공하여 추적이나 범인 체포에 도움을 줍니다. 또 소형 비행 감시 로봇이 담당한 범위는 어디까지나 부지 내이므로 수상한 사람이 밖으로 도망간 경우에는 도망간 방향만 확인하고 영상을 보냅니다. 그리고 격납고에 스스로 귀환합니다. 격납고 안에서는 자동으로 충전도 합니다.

Q : 모든 개발은 세콤에서 진행했습니까?

야스다: 모두 자사에서 진행했습니다. 세콤이 설립한 연구소와 개발센터에서 개발하고 있습니다. 어느 날 갑자기 만들기 시작한 것은 아니고 이전부터 실내를 순회하는 로봇 등 다양한 기기를 개발해왔습니다. 로봇은 다양한 기술이 집약된 분야이므로 지금까지 축적된 기술이 많은 도움이 되었습니다. 2012년에는 시험기를 발표했습니다만 발표하기 2년 정도 전부터 개발을 시작했습니다.

Q : 개발한 드론을 앞으로 다른 용도로 활용할 생각은 없으신지요?

야스다: 우리는 항상 목적을 명확히 하고 개발에 임합니다. '필요 없는 기능은 개발하지 않는다'가 기본방침이기 때문에 '이런 기능이 있으면 저런 곳에 사용할 수도 있다'는 생각은 하지 않습니다. 여분의 기능을 달면 무거워질 뿐입니다. 그러니 이번에 발표한 소형 비행 감시 로봇도 교외의 비교적 넓은 부지가 딸린 건물에서 야간에 침입해 온 수상한 사람이나 차량을 부지 내에서 추적하여 영상을 찍는 기능만 고려합니다.

(2015년 6월 18일 취재)

CHAPTER 04

관련 산업과
가치사슬을 엮어라

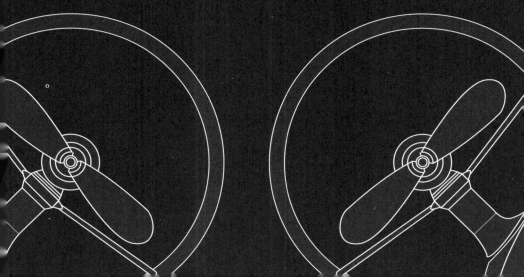

인터넷쇼핑을 뒷받침하다

인터넷의 보급으로 인터넷 쇼핑몰에서 물건을 사는 것이 당연한 시대가 되었다. 최근에는 스마트폰의 사용도 일반화되어 모바일 단말기로 물건을 사는 '모바일 쇼핑'도 늘어나는 추세다. 실제로 일본의 인터넷쇼핑몰 시장은 2008년에 약 6조 엔(약 56억 원)에서 2013년에는 약 11조 엔(약 100억 원)-참고로 한국은 모바일과 인터넷 쇼핑몰 합산하면, 2013년 말 기준 39.7조 원으로 전체 소매시장의 11.2%에 달한다-으로 거의 두 배로 늘어났고 소매시장의 3.67%를 차지하고 있다. 이 비율은 더욱 높아질 전망으로 오프라인 매장을 중심으로 판매하던 소매업자도 급속히 인터넷쇼핑으로 진출하고 있다.

이러한 인터넷쇼핑의 주역은 물론 아마존이나 라쿠텐 등의 통신판매업자다. 하지만 아무리 잘 만든 웹 사이트나 고도의 데이터 분석 시스템이 있다고 해도 최종적으로 물리적인 상품을 배송해야 하는 이상 그것을 운반할 누군가가 필요하다. 그 누군가, 즉 고객의 자택이나 직장에 물건을 배송하는 택배업자는 인터넷쇼핑을 뒷받침하는 숨은 주역이라 할 수 있다. 실제로 택배회사가 취급하는 배송 건수는 2009년 약 31억 건에서 2013년 약 36억 건으로 순조롭게 증가하고 있다.

그 일부를 앞으로 '드론 배송'이 짊어질 가능성이 있는데 이 장에서 주목하는 것은 그 부분이 아니라 인터넷쇼핑을 뒷받침하는 다른 비즈니스가 존재한다는 점이다. 물류업은 인터넷쇼핑의 증가로 매출이 증가하는 이득을 누렸지만, 물류시장이 없다면 인터넷쇼핑은 애초에 성립되지 않는다. 자세히 들여다보면 주택가를 돌며 배송하는 소형 트럭이라는 이동수단도 택배업자와 인터넷쇼핑을 뒷받침한다고 볼 수 있다. 하나의 사업이 성립하는 데는 구성요소가 되는 다른 사업이 필요하다. 이러한 연결 구조를 '가치사슬'이라고 부른다.

가치사슬은 어떤 사업의 미래를 생각할 때 빼놓을 수 없다. 지금 최고조를 누리는 인터넷쇼핑도 건전한 물류시장이 토대가 되지 않으면 발전할 수 없다. 실제로 과도한 배송 경쟁을 부추기는 인터넷 쇼핑업자로 인해 그 부담을 고스란히 짊어진 현장의 택배업자가 피폐해지고 있어 인터넷쇼핑의 성장에 의문을 제기하는 사람도 있다. 반대로 드론 배송 같은 새로운 배송 서비스가 제공될 수 있다면 이를 적용한 가치사슬은 커다란 가치를 생성하게 될 것이다. 다양한 요소들의 결합이나 기반 상황에 따라 최종적인 사업 모습이 달라진다.

그러면 2장과 3장에서 설명한 다양한 '드론 비즈니스'는 어떤 가치사슬에 의해 구성될까? 비즈니스의 내용에 따라 다양한 가능성을 살피는 것이 당연하지만 일반적인 프로세스를 〔표5〕에서 정리했다. 각각의 구성요소에 관해서 프로세스별로 살펴보자.

드론의 가치사슬

가치사슬 ① : 기획

카메라 기자재를 판매하는 '주에'(JOUER LTD)는 2014년부터 기업에서 영화나 광고에 사용할 영상을 의뢰하면 드론으로 공중촬영을 대행하는 서비스를 벌였다. 사용하는 드론은 시판되는 부품이나 플라이트 컨트롤러를 자체적으로 조립한 것이다. 무거운 특수 촬영기자재를 탑재하고도 안정되게 촬영할 수 있는 드론은 현재 기종이 그리 다양하지 않기 때문에 자체제작이나 커스터마이즈 형식으로 주문에 맞추어 대응하고 있다.

주에의 창업자 야마자키 유이치로(山崎友一郎)는 의뢰인과 공중촬영에 관한 사전회의를 하는 과정에서 서로가 드론을 인식하는 관점에 차이가 있음을 실감했다고 한다. 최근에는 드론에 관한 사건이나 사고 관련 보도가 늘고 있어 상황이 조금 달라지고 있지만 여전히 '추락한다, 사라진다'는 리스크를 예상하지 않고 사업을 진행하는 기업이 있다고 한다.

5장에서 소개하겠지만 지금도 드론 비행을 제한하는 여러 가지 법적 규제가 존재한다. 이러한 규제를 바탕으로 논의를 거쳐 '가능한 것, 불가능한 것'을 명확하게 한 뒤 공중촬영의 내용을 구체화해야 한다.

기획	• 비즈니스의 설계 • 기술이나 관련 기업에 관한 조사 • 컨설팅 • 관련 법안이나 제도 조사 • 허가, 인가 신청 　etc.
준비	• 기체나 제품의 개발·제공 • 소프트웨어의 개발·제공 • 비행시험 • 인재육성·제공 　etc.
운용	• 현장에서 드론의 비행 • 관련 설비·시설의 운용 • 운용상황의 모니터링 • 보험·보증 　etc.
기획	• 하드웨어의 보수·점검·수리 • 소프트웨어의 수정·버전업 • 사건·사고에 관한 피드백 　etc.
후공정	• 수집한 데이터의 축적·분석·가공 • 데이터베이스의 운용 　etc.

[표5] 드론의 가치사슬

드론을 비즈니스에 이용하는 것 자체가 새로운 시도로 여겨지는 현재로서는 기본적인 전제나 확인해야만 하는 사항을 사용자가 인식하지 못하는 경우가 많다. 크록스의 이벤트 '공중 스토어'를 기획할 때도 클라이언트와 광고대리점, 제작회사가 하나가 되어 무엇이 가능한지, 어떤 리스크가 있는지 확인하면서 기획을 입안했다. 공중촬영과 같이 드론이 카메라를 탑재하고 하늘에서 촬영한다는 상황은 같지만, 실제로는 각각의 안건마다 다른 대응이 필요한 경우가 있다.

또 앞으로 법적 규제가 명확해질 것으로 예상하지만 현재의 법률로는 드론을 활용하는 데 있어서 애매모호한 구석이 많다. 금지된 비행을 어떻게 허가받아야 할지 또 그 이전에 금지된 사항인지 아닌지조차 모르는 경우도 허다하다. 그럴 때는 관계 행정기관이나 이해관계자, 지역주민 등이 함께 대화를 나눠 하나씩 합의를 해나가야만 한다.

문제는 드론이 발전 중인 기술이라는 점이다. 예를 들어 비와 바람에 약한 기종이 대부분이고 전천후 형은 아직 무척 드물다. 또 장해물을 인지해 경로를 자동으로 변환하는 기능이 있다 하더라도 법규가 허락하는 한도 내에서 다양하게 운동이 가능할 것이다. 그래서 많은 경우 시판하는 드론을 그대로 사용하지 않고 독자적인 드론을 설계·개발한다든지 기존제품을 커스터마이즈해서 사용한다.

여러 가지 이유로 현재 드론을 활용하는 비즈니스는 기획 단계부터 많은 노력이 필요하다. 주에와 같이 그것도 의뢰의 일부로 생각하고 사업자가 자체적으로 해결하는 경우가 많지만 드론 활용에 특화된 컨설팅 서비스를 진행하는 기업도 생겼다. 앞에서 소개한 국제무인기협회는 앞으로 드론과 관련해 생성되는 고용 10만 명 중에 7할이 기체 제조 이외의 업무를 담당할 것으로 예측했고 그중에 컨설팅도 포함되어 있다.

당분간은 드론의 비즈니스 활용을 전면적으로 허가하지 않고 '기본은 금지. 허가는 개별안건을 조사하여 판단한다'는 식으로 실행할 가능성이 크다. 그래서 미국에서는 FAA에 이용허가를 신청할 때 적합한 조언을 제공하는 기업도 존재한다. 물론 허가받을 만한 내용을 생각해내는 것은 신청자의 역할이지만, 절차를 원활히 하고 허가를 쉽게 받기 위한 요령 등을 잘 숙지해서 적용하기 어렵다. 그렇기에 노하우를 제공해주고, 신청을 대행해주는 기업을 필요로 하는 사람도 많아질 것이다.

다른 기술이나 업계에서도 흔히 그렇듯이 다양한 경험과 풍부한 사례를 다루어본 당사자가 그 노하우를 기반으로 어드바이저나 컨설턴트, 신청대행자로서 서비스를 개척하는 경우가 늘어날 것이다.

가치사슬 ② : 준비

드론을 활용할 구체적인 내용이 정해지면 필요한 기자재나 시스템, 인재 등을 조달하여 실행을 위한 준비를 시작한다.

일반적인 비즈니스라면 다양한 기존 제품이 이미 개발되어 있어 구하기만 하면 된다. 각 비즈니스를 위한 제조업체나 벤더(유통. 판매업자)가 가치사슬 내에 정해진 위치를 확보하고 있지만, 드론의 경우는 앞서 말했듯이 발전 중인 기술이기에 비즈니스 운영자가 스스로 개발에 관여하는 예가 드물지 않다. 세콤과 같이 업무 노하우를 최대한 살리기 위해 스스로 적극적으로 기체나 시스템 개발에 뛰어드는 기업도 있다.

하지만 드론도 서서히 기존 제품을 사용하는 방향으로 진행될 것이다. 이런 측면에서 '드론 대여서비스'가 상징적이다. 2015년 4월, 효마현에서 계측기기 관련 대여 사업을 하던 렉스(REX)가 드론 대여서비스를 개시했다. 특이한 점은 빌려주는 드론이 서모그래피용 (열계측) 고성능 기종이라는 점이다. DJI의 팬텀 같이 간단한 공중촬영을 하는 취미용 드론을 대여하는 서비스는 이미 나왔지만, 계측에 사용하는 업무용 드론을 빌려주는 곳은 드물다. 또 렉스는 빌리는 쪽에서 드론을 조작할 수 있도록 전임 스태프를 파견하여 설명이나 강습도 해준다. 최소한의 비용과 시간으로 드론을 이용한 측량과 점검을 원하는 니즈를 충족시키는 것이다.

미국의 킷스플릿(Kitsplit)은 드론을 비롯한 다양한 영상·촬영기기를 개인이 빌려주고 빌리는 웹서비스다. 미국에서는 이처럼 '고액이지만 개인이 소유하고 있으면 가동률이 낮은 물건'을 공유하여 저렴하게 이용하고 부수입을 올리는 웹서비스가 유행이다. 방 하나 또는 집 전체를 호텔처럼 빌려주는 에어비앤비(airbnb)가 대표적인 예다. 킷스플릿은 '드론 판 에어비앤비'라고 부를 수 있다. 최근에 확인한 바로는 (2015년 6월 20일) DJI의 '팬텀2비전＋' 기종을 하루에 55달러(약 6만 2,000원)에 빌려준다는 글이 게재되었다. 구매하려면 17만 엔(약 160만 원) 정도 하는 기종이기에 며칠만 사용한다면 파격적인 가격이다. 또 구매하기 전에 시험적으로 빌려서 사용해볼 수도 있을 것이다.

하지만 유사한 드론 대여서비스 중에는 일찍이 사업을 접은 곳도 있다. 드론은 '소모품'으로 정상적으로 작동시키려면 세심한 수리와 보수가 필요하다. 가볍게 빌려주고 빌려서 풀가동하기에는 한계가 있다. 드론으로 할 수 있는 일이 어느 정도 정형화되어 있다고 해도 대여서비스가 일반화되기까지는 기술적 완성도가 좀더 필요하다.

한편 소프트웨어에 관해서는 드론 관련 앱을 제공하는 '앱스토어' 아이디어를 낸 사람도 있다.

고도의 자율성을 갖춘 농업용 드론을 개발하는 미국 프레시전호크(Precision Hawk)는 드론이 수집한 데이터를 분석하는 앱을 구할 수 있는 '알고리즘 마켓 프라이스'를 설립했다. 앱을 이용하면 고도의 리모트 센싱을 직접 하지 않고도 전문가가 개발한 우수한 알고리즘을 이용할 수 있다. 현재는 베타테스트 중이지만 이미 40개 기업이나 연구기관과 제휴를 맺었기에 곧 자유로운 참가와 거래가 가능해질 예정이다. 현재는 농업 데이터에 관한 기본적인 처리를 할 뿐이지만 앞으로는 인프라 관리, 보험, 에너지 분야의 업계가 활용할 알고리즘도 추가할 예정이다. 스마트폰의 앱스토어와 같이 기술력이 있는 개발자에게는 새로운 수입원을 찾을 기회다.

필요한 기체와 애플리케이션을 구해서 그것만으로 드론을 운용한다는 것이 그렇게 간단하지는 않다. 앞서 렉스가 드론 대여와 함께 조종법을 알려주는 스태프를 파견하기도 한다고 소개했지만, 드론을 날리기 위해서는 파일럿이나 기체를 다루는 전문가가 반드시 필요하다.

드론은 자율성을 갖춘 기기지만 그렇다고 해서 조종 일체에 관여하지 않아도 된다든가 수리와 보수를 하지 않아도 되는 것은 아니다. 때에 따라서 수동으로 이착륙한다든지, 비행계획을 세운다든지, 비행 전후에 기체를 점검하고 정비해야 할 필요가 있다. 또 자동차를 운전할 때와 같이 다양한 관련 법규에 관한 지식을 익히는 편이 좋다. 그래서 고마쓰는 자체적으로 1개월에 걸쳐서 관련 인재를 육성하고 있다. 또 주에와 같이 공중촬영 서비스를 제공하는 경우는 드론 조종기술이나 카메라워크의 감각, 촬영 기자재 선정 등의 노하우가 가치의 원천이 된다.

이런 이유로 드론 오퍼레이터를 교육하는 서비스가 각지에서 생겨나고 있다. 예를 들면 일찍이 드론을 상업적으로 이용하고 있는 캐나다에서는 ING로보틱 애비에이션과 오타와 애비에이션 서비스가 공동으로 드론의 오퍼레이터를 양성하는 코스를 오타와에 열었다. 7일 동안 진행되는 코스로 멀티콥터 형 드론뿐만 아니고 싱글로터기나 고정익기의 조종도 배운다. 또 캐나다 운송성에서 드론 오퍼레이터가 습득하도록 요구하는 기초지식이나 비행계획을 세우는 방법 등을 배운다.

일본 동북지방 정비국(국토교통성)은 'UAV 활용 관민협력제도'를 검토하고 있다. 이것은 드론 조종에 뛰어난 개인이나 기업과 협력을 맺어 재해 지역 등을 조사할 때 기체 오퍼레이터로서 활동하거나 직원에게 조종법을 지도하게 하는 방법이다. 현재 계약을 앞두고 교섭 중이다. 재미있는 점은 후보자 선정이다. 동북지방 정비국은 2015년 6월에 공공기관으로서는 처음으로 드론 경기를 개최하여 경기에서 우수한 성적을 거둔 개인이나 기업을 후보로 삼았다.

한편 자율제어 시스템 연구소는 가상현실(VR) 속에서 드론의 조종 체험이 가능한 플라이트시뮬레이터를 '제1회 국제 드론전'에 출품했다. 이것은 VR용 헤드마운트디스플레이로 주목받고 있는 '오큘러스 리프트'와 연동하여 얼굴의 방향을 바꾸면 센서로 감지하여 표시되는 영상이 변한다. 위를 향하면 하늘을, 아래를 향하면 지면이 보인다. 그 영상을 보면서 실제와 똑같은 감각으로 송수신기를 조작하여 연습할 수 있다. 또 FPV, 즉 드론 시점에서 영상을 전환할 수도 있어서 마치 드론이 되어 상공을 나는 듯한 감각을 맛볼 수도 있다. 물론 엔터테인먼트가 목적은 아니지만 값비싼 기체에 상처를 입히지 않고 즐기면서 반복해서 연습할 수 있는 장비다.

이렇게 기체와 소프트웨어, 훈련받은 인력을 준비하지만 아무리 재료를 준비한다고 해도 실제로 날려보지 않으면 계획대로 비즈니스가 실현될지 알 수가 없다. 여기에 필요한 것이 드론을 시험 비행시키는 장소를 제공하는 서비스다.

5장에서 소개하는 대로 국가에 따라 정도의 차이는 있어도 드론을 비행할 때는 반드시 여러 제약이 뒤따른다. 하늘의 안전을 지키고, 추락이나 충돌에서 사람이 다칠 위험을 최소한으로 하기 위해 드론이 비행하기 적합한 장소에는 몇 가지 조건이 있다. 일본처럼 드론의 위험성에 대한 관심이 높아 급속히 규제를 확대하는 나라도 있다.

하지만 드론이 하늘을 나는 기계인 이상 새로운 기체를 개발하고 조종방법을 습득하기 위해서는 다양한 환경에서 드론을 반복해서 날려봐야 할 필요가 있다. 그래서 드론 전용 비행시험장이 필요하다. 일본에서는 일본 UAS 산업진흥협의회(JUIDA)가 2015년 5월 18일에 이바라키 현 쓰쿠바 시에 최초로 개설했다. '물류 비행 로봇 쓰쿠바 연구소'(JUIDA 시험비행장)로 부지 면적은 약 3,800m²다. 연구자들이 대기하는 시설도 갖추었다. 운영은 드론 관련 서비스를 제공하는 블루이노베이션(Blue Innovation)이 담당한다.

JUIDA는 이렇게 기업에서 자유롭게 사용할 시험장을 설치하여 드론 개발에 활용하고 드론 산업의 발전을 촉진하고자 한다. 물론 파일럿의 훈련용으로 사용할 수도 있다.

산업기술종합연구소(AIST)의 이와타 가쿠야(岩田拡也)에 따르면 현재 세계 각지에서 드론을 포함한 UAV의 시험비행장이 계속해서 설립되고 있다고 한다. 프랑스는 2008년 보르도에 부지 면적 24km², 활주로 800m의 거대한 시설을 열었다. 그곳을 거점으로 유럽 최대의 UAV 컨소시엄인 AETOS가 탄생하여 정보를 공유하고 있다. 미국도 국내 다섯 개 지역에 시험장을 건설 중이다.

가치사슬 ③ : 운용

복잡한 준비단계가 끝나고 나면 그 다음은 계획에 따라 드론을 날려야 한다. 이 프로세스도 다양한 지원 서비스가 있으므로 모든 작업을 혼자서 한다든지 위험을 다 떠안을 필요는 없다.

일본에서는 2015년 1월부터 내각부에서 검토를 시작한 '근미래 기술 실증특구' 프로젝트에 응모한 70건 중 33건이 자동비행기술에 관련된 규제 완화를 프로젝트로 제안했다고 한다. 아키타 현 센보쿠 시는 면적의 6할에 해당하는 국유림을 민간에 개방하여 무인비행의 실험에 도움이 되는 시설을 설치하자고 제안했다. 일본에도 지형이나 기상조건이 다른 장소에 다수의 시험비행장이 설치될 것으로 보인다.

앞에서 기체를 대여하는 서비스를 소개했는데 파일럿도 '대여'가 가능하다. 정확히 말하자면 드론을 이용한 작업 자체를 외부에 위탁하고 결과만 받을 수 있다. 미국 기업, 드론베이스(Dronebase)가 제공하는 서비스다.

드론베이스는 웹사이트를 통해 드론을 보유하고 있는 파일럿에게 일을 의뢰한다. 계약이 성립되면 파일럿은 드론을 날려 의뢰인이 지정한 과제(특정 장소나 건축물을 촬영한 영상 데이터나 측량결과의 데이터 등)를 보낸다. 의뢰인은 성과에 대한 보수를 지급하고 드론베이스는 중개료로 보수의 15%를 받는다. 기업은 기체와 기술을 갖춘 인물을 저렴한 가격으로 더구나 교육을 하는 등의 수고를 거치지 않고 조달할 수 있다는 장점이 있고 또 파일럿은 자신이 보유한 자산으로 최대한 돈을 벌 수 있는 기회를 얻는다는 장점이 있다.

드론베이스는 건수마다 다른 일을 의뢰하는 서비스지만, 언젠가는 여러 명의 전문가가 팀을 짠다든지, 규모가 큰 프로젝트를 맡는 서비스로 발전할 것이다. 그 예로 2장에서 소개한 드론을 인도적인 일에 활용하는 단체 휴머니타리안 UAV네트워크가 네팔에서 발생한 대지진을 지원했을 때 현장에 전문가팀을 조직할 필요가 있었다. 그래서 비즈니스 SNS인 링크드인(LinkedIn)과 제휴해 링크드인의 서비스를 통하여 현지에 어떤 전문가가 필요한지를 확인하고 드론 전용 팀을 즉석에서 편성할 수 있었다고 한다.

한편 하드웨어 측면에서 살펴보자면 드론 운용 중에 걱정스러운 점이 충전이다. 현재의 배터리 기술은 일반적인 드론을 15~30분 정도 연속해서 날릴 수 있는데, 바람이 세거나 해서 평상시보다 심하게 기체를 사용하는 환경에서는 그만큼 배터리도 빨리 닳는다. 현재 비즈니스에 드론을 활용하는 사람들과 이야기를 나눠보면 20분 정도 날 수 있는 기체라도 10분 정도 비행 후에는 착륙시키는 방식으로 운용하는 경우가 많다고 한다.

물론 배터리 기술도 하루가 다르게 발달 중이고, 드론에 최적화된 새로운 배터리를 개발하려는 움직임도 있다. 하지만 현재로는 드론을 어떤 스케줄로 운용하고 또 운용하는 동안에 어떤 방식으로 충전 작업을 할지는 해결해야만 하는 과제다.

현재 몇몇 회사에서 드론의 배터리를 자동으로 교환하는 장치를 실용화시켰다. 이런 장치가 있다면 사람이 관리하지 않아도 드론을 장시간 계속해서 운용할 수 있다(물론 다른 부품의 부담도 고려해야 하지만). 하지만 이러한 장치는 대형화되는 경향이 있고 또 배터리 자체를 교환하니 교환 중에 전원이 꺼지지 않도록 하는 장치(혹은 사전에 필요한 데이터를 클라우드 측에 보내는 등 전원이 꺼져도 괜찮은 운영체제)를 장착할 필요가 있다. 그렇게 된다면 다수의 배터리 교환기를 도시 곳곳에 설치하여 필요할 때에 충전하도록 하는 지금의 전기 자동차에 가까운 운용이 어려워진다.

이 약점을 보완하기 위해 미국의 스카이센스(SkySense)는 시트 상태의 충전기를 개발 중이다. 비접촉형이므로 드론은 그 위에 착륙해서 대기하기만 하면 충전이 된다. 배터리 교환식과 같이 순간적으로 가득 채울 수는 없지만 복잡한 기기나 가동부가 없어서 취급하기 쉽고 관리도 간편하다. 설치에 드는 비용이 해결된다면 여러 장소에 준비해둘 수 있을 것이다. 어떤 드론이 착지해서 얼마나 충전했는지를 정확히 알 수만 있으면 주유소처럼 드론을 충전시켜 주고 요금을 받는 비즈니스가 등장할지도 모른다.

그런데 드론을 운용하면서 일어날 수 있는 긴급사태는 배터리가 떨어지는 것뿐만 아니라 악천후에 의한 손상이나 추락·분실 등 다양하다. 만일의 사태에 대비하는 것이 보험이고 취미용 무선조종 헬리콥트는 이전부터 '무선조종 헬기 보험'이 존재했다. 하지만 이 보험들은 업무용을 대상으로 하지 않았기에 앞으로 드론을 비즈니스에 활용할 때는 회사 업무를 고려하여 보험회사와 따로 상담해야 한다.

최근에 도쿄카이조니치도 화재보험이 '산업용 무인 헬리콥터 종합보험'을 발매할 예정이라고 발표했다. 또 DJI의 최신첨단기종 '팬텀 3'는 미쓰이스미토모 해상화재보험에서 제공하는 업무용 보험과 함께 판매한다. 앞으로는 공중촬영 드론 대상(문제가 발생할 때 고가의 촬영기기도 손상을 입을 가능성이 있다), 배송드론 대상(배송 중인 상품도 손상을 입을 가능성이 있다), 재해조사용 대상(리스크가 높은 환경에서 비행한다) 등의 용도에 맞춘 보험이 개발될 가능성이 있다.

가치사슬 ④ : 보수·점검

100년이라는 오랜 시간에 걸쳐서 완성된 자동차도 안정성을 유지하기 위해서 몇 년에 한 번은 '자동차 검사'라는 형식으로 점검을 받는다. 게다가 이것은 어디까지나 법률로 정해진 범위고 타이어를 교환하고 야간에 시야가 제한되지 않도록 유리의 유막을 없애는 등의 세세한 보수·점검이 필요하다. 이렇게 다양한 점검이 이루어짐에도 불구하고 자동차

차체의 문제로 발생하는 사고는 아직 제로가 아니다.

그런 의미에서 생각한다면 하늘을 나는 기계인 드론의 보수와 점검이 중요하다는 점은 새삼스럽게 강조할 필요도 없다. 모터 등 각 제품의 개체 차이가 크기도 하고 소모되기 쉬운 부품을 사용하기 때문에 비행을 반복하면 그만큼 사고 위험도 커진다. 또 비행하는 동안에 아무래도 상처가 나거나 비에 노출되기도 쉽다. '드론은 소모품'이라는 전제하에 취급해야 한다고 충고하는 사람도 많다.

현재 보수와 점검, 수리는 드론 제조업체나 드론 비즈니스를 운영하는 사업자가 자체적으로 실시하는 경우가 많다. DJI는 앞으로 사업 확대 전략의 하나로 애프터서비스에 힘을 실을 태세를 명확히 제시했다. 현재 일본 내에 판매·수리 거점이 스무 곳이 있는데 이것을 1년 동안 200개까지 늘릴 계획이라고 보도했다. 고장이 나도 손쉽게 수리를 맡길 수 있는 환경을 갖춘다면 드론의 보급은 한층 늘어날 것이다.

드론에만 해당하는 이야기는 아니지만, 제조업체의 공식 매장을 통해서 수리하는 것은 매장 개설 등 한계가 있기 마련이다. 취미용이라면 큰 문제가 아니지만 로케 등 할애된 시간이 정해진 가운데 드론으로 공중촬영을 하는 상황이라면 빠른 시간 내에 수리해야 한다. 그래서 자동차와 같이 제3자 서비스로 보수·점검을 비롯한 수리를 제공하는 회사도 생길 것이다.

오스트레일리아에서 드론 수리 서비스를 하는 '드론닥터'에서는 DJI에서 수리하면 4~12주가 걸리지만, 불과 5일 만에 처리할 수 있다고 장담한다(부품을 구하기 어려운 경우를 제외하고). 또 드론 본체뿐만 아니라 카메라를 탑재한 짐벌(회전대)도 수리한다.

재미있는 것은 전화로 유료 어드바이스를 한다는 점이다. 1회 15분에 33호주달러(약 2만 7,000원)에 전화로 고장에 관한 상담을 해준다. 그들이 쌓은 지금까지의 경험에 의하면 전화로 어드바이스를 하는 것만으로도 스스로 수리할 수 있는 경우가 많다고 한다. 드론이 지금보다 훨씬 더 흔하게 사용된다면 조언만 듣고 사용자가 직접 고치는 AS는 어렵겠지만, 비교적 전문적인 기술을 갖춘 사람이 사용하는 지금은 간단히 조언을 해주는 AS 방식이 아주 유용한 듯하다.

그리고 자동차 검사와 비슷한 보수·점검 제도나 사건·사고가 발생할 때 정보를 공유하는 제도를 확립하려는 움직임도 있는데, 이에 대해서는 5장 규제에 관한 논의와 함께 살펴보도록 하자

가치사슬 ⑤ : 후공정

드론을 착지시켜 고장 난 부분이 없는지 확인하고 필요한 처치를 한 뒤 격납고에 넣는다. 어쩌면 바로 이 순간부터가 진정한 의미에서 드론 비즈니스 활용의 시작일지 모른다. 2장에서 설명했듯이 요사이 드론 비즈니스 영역에서 정보를 모으는 과정이 다양하게 개척되고 있다. 그리고 모은 정보를 어떻게 이용하는지에 따라 이끌어내는 가치는 몇 배나 달라진다. 그래서 드론을 귀환시킨 후의 공정을 다루는 서비스가 많이 생겨나고 있다.

드론용 OS의 개발에 착수한 에어웨어도 드론이 모은 데이터를 처리·축적·공유하는 클라우드 서비스를 개발하고 있다. 광범위한 지역을 날

아다니며 영상을 촬영하는 등 대량의 정보를 모을 경우 많은 정보를 자동으로 가공하려면 그만큼 처리능력이 뛰어난 컴퓨터가 필요하다. 드론이 귀환하고 나면 데이터를 일반적인 클라우드 서비스로 옮겨서 가공해도 되지만 OS와 연계하여 실시간으로 이용할 수 있는 클라우드가 있으면 편리하다.

3장에서 소개한 미국의 애그리보틱스는 특정 데이터(이 경우는 농지를 촬영한 데이터)를 넘기면 필요한 처리를 한 후 사용하기 쉬운 형식으로 가공한 데이터를 보내주는 서비스를 제공한다. 본업인 드론 측량보다도 데이터처리 서비스 쪽 비즈니스가 신장세를 보이는 현상은 드론 활용의 진짜 핵심이 '데이터 처리'라는 사실을 드러낸다.

단, 드론이 모은 데이터를 활용하면 할수록 이 데이터를 어떻게 다루어야 하는지에 관한 논의도 활발해진다. 카메라를 탑재한 드론은 말 그대로 '하늘을 나는 감시카메라'다. 우연히 카메라가 포착한 영상이나 데이터 속에 '그곳에 있었다는 사실을 알리고 싶지 않은 일반인의 모습'이 들어 있을 가능성도 있다. 이 경우 어떻게 취급해야 할지 전문가의 입장에서 기업에 조언하는 변호사도 나왔다.

또 반대로 드론이 모은 데이터를 적극적으로 공유해야 한다는 논의도 있다. 가장 쉬운 예가 재해 지역을 지원하는 경우다.

몇 번이나 언급했듯 네팔 대지진에서는 아홉 곳 이상의 인도주의 지원단체가 현지에서 드론을 활용했다. 당시 그 모습을 옆에서 보던 네팔 경찰과 소방국은 너도나도 다른 곳들도 촬영을 해달라고 요청했다고 한다. 모든 일을 한 단체가 처리할 수 없어서 단체와 조직들을 연계하는 역할을 맡은 단체 휴머니타리안 UAV 네트워크가 드론 몇 대로 최대의 성과를 끌어내기 위해 촬영하는 지역을 분담하거나 기체의 정비에 걸리는 시간을 분석하는 등 적절하게 조정하는 역할을 담당했다.

세계적으로 후원을 받는 NEO/NPO 단체라도 대체로 예산과 자원이 부족하기 때문에 누구든지 사용할 수 있도록 코디네이션을 지원하는 플랫폼을 정비할 필요가 있다. 그런 시스템이 있다면 보도기관 등의 영리단체가 드론을 날려서 얻은 영상도 공유(촬영한 장소의 위치정보 같은 메타데이터도 명확히 한 다음)해 공공을 위해 사용할 수 있을 것이다. 네팔 대지진에서는 휴머니타리안 UAV 네트워크는 연계하는 여러 지원조직이 촬영한 영상을 구글맵에 모아 어느 지역에 드론을 날려 해당 영상이 촬영됐는지 가시화했다.

드론 활용에 관한 사안이 아니더라도 어떤 데이터든 상세한 데이터를 수집하면 할수록 데이터를 전송하는 데에 시간이 걸린다. 그런데 재해지역은 통신 인프라가 손상되었거나 애초에 네트워크 환경이 빈약한 경우가 많다. 실제로 네팔에서는 네트워크 관련된 사항부터 공유가 어려웠다고 한다(혹은 다른 통신에 방해를 받아 불가능할 수도 있다). 드론이 애써 모은 데이터가 헛수고가 되지 않도록 정보 인프라를 어떻게 보완해야 할지 앞으로 논의하게 될 것이다.

드론 서비스 프로바이더

가치사슬 전체를 내려다보면 드론 비즈니스가 올바로 기능하기 위해서 중요한 부분이 군데군데 존재한다는 사실을 알 수 있다. 드론 업계는 아직 여명기이니 당연히 부족한 요소가 많다. 어떻게 하면 드론을 활용한 비즈니스를 효율적으로 운영할 수 있을까?

산업기술종합연구소 이와타 가쿠야는 '서비스 프로바이더'라는 개념을 제시한다((표6)). 드론 비즈니스에 필요한 요소를 묶어 그것을 안정적으로 운용하여 엔드유저(드론 측량으로 데이터를 얻고 싶은 건설업자 등)에게 '서비스로서의 드론'을 제공하는 역할이다.

서비스 프로바이더는 휴대전화 비즈니스에서 통신업체를 상상하면 된다. 전화·통신업체는 휴대전화 제조업체와 제휴하여 자사의 서비스에 맞는 단말기를 개발하게 한다. 또 통신 시스템을 설계하여 안정된 통화를 위한 인프라를 설치한다. 정부는 이러한 힘을 가진 통신업체에 면허를 주어 휴대전화 비즈니스를 하도록 허가한다(반대로 말하면 허가한 사업자 이외의 참여를 금지한다). 그리고 통신업체는 자체 판매망을 통해 이용자에게 단말기를 제공하고 자신의 통신시스템에서 휴대전화라는 '전파 커뮤니케이션 장치'를 이용하게 한다. 그러기 위해서 개인 이용자는 전파법에 신경 쓸 필요도 국가가 인정하는 면허를 딸 필요도 없이 손쉽게 안정적인 서비스를 이용할 수 있다.

드론 서비스 프로바이더는 통신업체와 거의 비슷한 방법을 드론의 세계에서 실현한다. 드론은 개인이나 회사가 직접 제조업체를 통해서 구한다든지 개별적으로 개발하지 않고, 서비스 프로바이더를 통해 기존 제품을 구한다('어린이용 휴대전화'나 '노인 전용 휴대전화'같이 여러 가지 모델이 생길 것이다). 그때 프로바이더에 가입심사 등이 있겠지만, 개인이 직접 면허

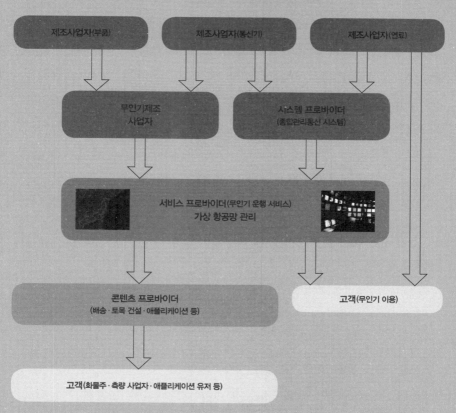

(산업기술종합연구소·이와타 가쿠야 작성)

제조사업자(부품)

제조사업자(통신기)

제조사업자(연료)

무인기제조
사업자

시스템 프로바이더
(종합관리통신 시스템)

서비스 프로바이더(무인기 운행 서비스)
가상 항공망 관리

콘텐츠 프로바이더
(배송·토목 건설·애플리케이션 등)

고객(무인기 이용)

고객(화물주·측량 사업자·애플리케이션 유저 등)

[표6] 드론의 서비스 프로바이더가 차지하는 위치

를 신청할 필요는 없다.

이렇게 제공된 기존 드론은 일정한 규정을 바탕으로 작동하게 되어 있어 휴대전화의 '기지국'에 해당하는 인프라를 통해 통신하기 때문에 각 기체의 위치가 정확하게 파악된다. 따라서 비행이 금지된 지역에 들어가면 자동으로 경보가 발생하거나 경로를 변경하기 때문에 엔드 유저는 복잡한(그리고 자주 변경될지도 모른다) 법규제를 알아야 할 필요가 없다. 또 '앱스토어' 같은 서비스를 통해 드론의 취급이나 수집한 데이터의 가공 등에 필요한 추가기능을 구해 자유로이 드론의 기능을 확장할 수 있다.

서비스 프로바이더 모델에서는 드론을 마음대로 사용하는 자유는 없다. 하지만 그에 비해 많은 장점이 있고, 안심하고 사용할 수 있기 때문에 드론의 보급이라는 관점에서는 상당히 바람직한 개념 중 하나다.

이와타의 말에 의하면 드론이 군사기술로서 먼저 발전한 미국과 유럽의 여러 나라에서는 이러한 발상이 없는 듯하다. 따라서 드론 서비스 프로바이드의 개념을 더욱 빨리 일본에서 구체화해 그것을 패키지로 묶어 해외에 제공하는 인프라 유출형 모델로 성장할 가능성도 있다.

2015년 5월 중국의 DJI는 미국의 벤처 캐피털인 악셀파트너스(Accel Partners)와 공동으로 드론 관련 기업에 투자하는 펀드 '스카이펀드'를 설립했다. 투자처는 기체·부품 제조업체에 그치지 않고 관련 소프트웨어나 서비스의 개발자, 로봇 공학 연구자까지 포함될 예정이다. 또 자금뿐만 아니라 DJI는 다양한 기술적인 지원을, 악셀파트너스는 관련 기업을 소개할 예정이라고 한다.

왜 드론 제조업체인 DJI가 이렇게 폭넓게 투자하는가? 그것은 드론 관련 기업이나 조직을 육성함으로써 스스로 그 일부이기도 한 드론 비즈니스의 가치사슬을 강화할 수 있기 때문이다.

특히 DJI가 지향하는 지점은 그들이 준비한 소프트웨어 개발 키트(SDK)를 활용하여 다양한 업계에 특화된 애플리케이션을 구축하는 개발자의 육성이다. DJI의 드론 기술을 바탕으로 더 구체적인 니즈에 대응하는 애플리케이션이나 서비스가 생겨나면 플랫폼의 역할을 하는 DJI가 만든 드론의 가치가 높아진다. 그렇게 된다면 단순히 기체 시장의 점유를 넘어선 존재감을 갖게 되고 보급에도 한층 박차가 가해질 것이다.

인터넷쇼핑몰 판매업자가 택배 업자에게 의존하듯이 또 택배업자가 인터넷쇼핑몰 사업자의 요청에 좌지우지되듯이 가치사슬 전체가 건전한 상태를 유지하느냐가 가치사슬을 구성하는 각 사업자의 업적에 크게 영향을 미친다. 냉정하게 생각한다면 가치사슬이 기업에 있어서 유리한지 아닌지가 이 사업에서 어느 정도의 이익을 얻을 수 있는지와 관계가 있다. 예전에 마이크로소프트가 컴퓨터 사업에서 OS 제공자라는 위치를 차지해 가치사슬을 스스로 유리하게 설계하여 많은 이익을 획득한 것을 떠올려보자.

드론 비즈니스는 아직 실험 단계에 있는 사안들이 많아서 먼저 사업성을 확립해야만 한다. 그 단계가 지나면 다음에는 반드시 가치사슬이 디자인된다. 현재 드론 업계의 모습을 마이크로소프트의 존재감이 약해 다양한 플레이어와 컨슈머가 활동하던 1980~1990년대의 컴퓨터 업계에 비유하는 사람이 많다. 그렇다면 드론 비즈니스에서 가치사슬을 구축하는 일은 앞으로 몇 년 이내에 본격화되지 않을까?

드론 업계의 핵심인물에게 묻는다

고이부치 미호(鯉渕美穂)
미카와야21 주식회사 대표이사 겸 COO

도쿄 이과대학 경영학부 졸업 후 외국계 대형 컨설팅 회사에 입사. 계열사인 소프트웨어 회사를 거쳐 인재육성 컨설팅 회사에 입사하여 싱가포르 현지법인의 디렉터로서 해외 거점 설립을 담당했다. 2014년 10월 미카와야21 대표이사 겸 COO로 취임.

기존 비즈니스의 가능성을 넓히는 도구로서의 드론

Q : 미카와야21은 신문대리점을 거점으로 한 드론 배송을 계획하고 있습니다만 어떻게 이런 발상을 하였습니까?

고이부치: 미카와야21은 '아이들부터 시니어까지 안심하고 생활할 수 있는 지역밀착형 비즈니스를 전개하는 기업과 함께한다'는 목표를 내걸고 있습니다. 그 일환으로 현재 전국 각지의 신문대리점과 '진심 어린 도움'이라는 표어를 내걸고 서비스를 진행하고 있습니다. 이 서비스는 신문대리점 스태프가 30분에 500엔(약 5,000원)의 가격에 65세 이상의 고령자들을 상대로 진행합니다. 일명 '작은 마음 보태기 서비스'입니다. 예를 들면 함께 지내던 배우자를 앞세우고 나서 할머니 혼자서 집을 관리하기가 어려워져 '정원 손질만 해준다면 좀 더 이 집에서 살 수 있을

텐데'라며 도움을 요청할 때 신문대리점의 스태프가 도움의 손길을 내미는 것이지요. 미카와야21 직원이 자택으로 찾아가는 것이 아니라 회사는 서비스를 제공하는 신문대리점을 지원합니다. 지원 내용은 고객을 모으기 위해서 전단을 만든다든지 의뢰에 대응하는 요령을 몸에 익힌다든지 해야 할 일과 하지 말아야 할 일의 판단 등입니다. 가령 병원에 모시고 가는 것은 괜찮지만 자동차로 외출하는 것은 서비스할 수 없지요. 신문대리점 스태프들에게 운전 자격을 요구하지는 않기 때문입니다.

'진심 어린 도움' 서비스 중 하나로 지금까지 '물품 구매 대행 서비스'를 진행해 왔습니다. 지방은 물품을 구매할 때 자동차를 이용해야 하는 경우가 많은데 신문대리점에는 어디든 배송용 오토바이가 있으니 오토바이로 지역을 돌아다니는 김에 물품을 구매해 할머니에게 배달할 수 있었지요.

그런데 신문대리점 자체도 인력 부족으로 곤란한 상황입니다. 야마토운송이나 사가와 택배조차도 마지막 최종 배송을 담당할 인력이 부족하다고 호소합니다. 5년 후, 10년 후까지 '진심 어린 도움'을 지속할 여지를 만들어야 한다는 생각으로 드론에 주목하게 되었습니다. 어디까지나 주축은 '진심 어린 도움'이고 그 일부를 드론이 담당한다는 계획입니다.

Q : 어떻게 신문대리점을 이용할 생각을 했나요?

고이부치: 신문대리점을 드론 배송의 거점으로 삼은 것은 몇 가지 장점이 있기 때문입니다.

먼저 매장의 수입니다. 지금 드론이 날 수 있는 거리는 1km 정도밖에

안 됩니다. 앞으로 늘어난다고 해도 고작 2~3km일 겁니다. 어느 정도 넓은 영역을 배송하려면 매장 수가 적어서는 안 됩니다. 지금 신문대리점의 수는 1만 5,000에서 1만 8,000개로 추정됩니다. 그리고 각 매장이 오토바이로 5분에서 10분 정도의 거리에 있습니다. 신문대리점을 거점으로 두면 넓은 영역을 운영할 수 있습니다.

또 드론이 추락한다든지 배송된 물건이 주문과 다르다는 등의 문제가 생겼을 때도 매장이 가까이에 있으면 스태프가 현장으로 달려갈 수 있습니다. 그리고 드론 배송은 사전에 등록된 의뢰인만 이용할 수 있으므로 처음 배송할 때 신문대리점의 스태프가 의뢰인의 집으로 가서 절차를 밟고 확인하는 방식입니다. '이 부근에 착륙하니 물건을 받아주세요'라고 부탁할 수도 있습니다.

두 번째 포인트는 '직접 얼굴을 마주할 수 있다'는 점입니다. 지방에 거주하는 사람들은 물건을 살 때 '직접 만나서 부탁하고 싶다'고 생각합니다. 평소에 접하던 신문대리점 스태프라면 안심하고 맡길 수 있겠지요.

세 번째는 결제수단입니다. 지방에 거주하는 고령자는 신용카드를 소지하지 않은 사람이 많아서 인터넷쇼핑몰처럼 카드 결제는 일반적이지 않습니다. 신문대리점이라면 수금기능이 있으니 활용할 수 있습니다.

Q : 신문대리점 입장에서도 차세대 업무에 해당하는 서비스네요.

고이부치 : 그렇습니다. 신문구독자가 연간 3~5% 감소하고 있고 디지털화도 확산되고 있으니 앞으로 신문배송만으로는 매장을 유지하기 어려울 수 있습니다. 또 현재 신문구독자의 7할 정도가 고령층이라고

하니 이번 서비스와는 친화력이 높다고 생각합니다. 특히 고령자의 경우 혼자 생활할 수 없어 보호시설에 들어가면 신문을 끊게 되는데 그런 의미에서 신문대리점 입장에서도 오래 계속해서 그 지역에 살 수 있도록 지원하는 서비스로서 의미가 큽니다.

Q : 현재의 예상대로라면 어떤 과정을 거쳐 '드론 배송'이 이루어집니까?

고이부치: 목표는 다음과 같습니다. 먼저 콜센터에서 일단 주문을 받습니다. 콜센터는 어느 신문대리점에 의뢰할지를 판단하여 선정한 매장에 연락합니다. 연락을 받은 스태프가 신문대리점에 대기하고 있던 드론을 출동시킵니다. 그러면 드론은 일단 계약된 가까운 상점에서 착륙합니다. 거기서 상점 측이 주문한 물품을 픽업해 드론에 실은 뒤 다시 이륙합니다. 그리고 의뢰인에게 물품을 배송하고 다시 신문대리점으로 돌아오는 방식입니다. 드론은 GPS를 이용하여 위치를 파악하고 자동으로 비행합니다.

드론을 운용하는 신문대리점 스태프에게는 연수를 실시할 계획입니다. 기본적인 고장이라면 수리할 수 있을 정도의 수준까지 교육을 진행할 생각입니다.

Q : 지금 기체 개발은 어느 정도까지 진행되었습니까?

고이부치: 이 서비스 제공에 특화된 기체로 개발은 야마나시 현에 있는 사이토텍(SAITOTEC)에 의뢰했습니다. 사이토텍에는 화물을 내려놓는 기능을 추가하고 싶다든지 비바람에 견딜 수 있었으면 좋겠다든지 카메

라로 볼 수 있도록 카메라를 탑재했으면 좋겠다는 등의 사항을 요청했습니다.

Q : 카메라로 찍는 영상은 어디에 사용합니까?

고이부치: 먼저 이착륙하는 장소가 안전한지 확인하는 용도입니다. 전선은 어디에도 위치정보가 공개되어 있지 않습니다. 또 집을 지키는 개가 있을 수도 있지요. 그럴 때 안전하게 착륙할 수 있도록 카메라로 확인합니다.

또 모든 일을 기계로 해결하는 데에는 한계가 있으니 커뮤니케이션용으로 활용할 예정입니다. 화면으로 안전하게 착륙한 상황을 확인하면서 '자, 할머니, 물건을 내려주세요'라는 식으로 대화할 수 있었으면 합니다. 이런 아날로그적인 부분은 중요합니다. 지금은 스마트폰에도 페이스타임 같은 기능이 있으니까요.

Q : 기체는 어느 정도의 무게까지 운반할 수 있습니까?

고이부치: 현시점에서 최대 적재량은 4~5kg 정도입니다. 의뢰인 대부분이 고령자이기 때문에 10kg의 물건이 배달되어도 혼자서는 집 안으로 옮길 수 없으니 그 이상 무거운 물건을 옮기는 기체로 만들 필요는 없다고 생각합니다. 5kg조차 버겁다는 노인도 있으니까요. 또 아마존에서도 배송의 86%가 2.3kg 이하라고 하니 실제는 3kg 정도의 물건이 중심이 되리라 생각합니다.

143
관련 산업과 가치사슬을 엮어라

Q : 구체적으로 어떤 물건을 운반할 것으로 가정합니까?

고이부치: 화장지 같은 생활필수품은 물론 예상하고 있습니다만 주요 품목은 기호품이 아닐까 싶습니다. 고령자분들이 물건을 사러 가기 어려워졌을 때 가장 먼저 포기하는 것이 기호품입니다. 전구와 같이 평소 생활에 필요한 물품은 어떻게 해서라도 구하지만, 드론 배송의 프로모션 영상에서 사용한 찹쌀 경단 같은 기호품은 제일 먼저 포기합니다. 필수품이 다 갖추어졌다고 해서 풍요로운 생활은 아닙니다. 원래 '진심 어린 도움' 서비스는 풍요로운 생활의 실현을 목표로 합니다. 드론 배송도 물품을 받은 고객의 얼굴에 미소가 번지는 그런 따뜻한 서비스를 실현하려고 생각합니다.

Q : 드론 배송은 어느 정도 범위에서 실시할 예정입니까?

고이부치: 현시점에서 아직 정확히 정하진 않았습니다. 어느 지역까지 드론 배송이 필요한지 혹은 가능한지 확인하기 위해서 실증 실험을 계획 중입니다. 대략 구상하기에는 수도권에서는 어렵다고 생각합니다. 수도권은 전선도 많고 몇 분만 걸어도 편의점이 있습니다. 또 도심지가 아니더라도 산을 넘어 배송해야 하는 곳이라면 시야가 확보되지 않아서 어렵습니다. 이러한 사항을 확인하기 위한 실증 실험을 지금 검토 중입니다.

검토 중인 실증 실험은 가시거리가 먼 평야 지대부터 시작할 예정입니다. 현재는 산간 지대에서 GPS의 정밀도가 낮아서 실험조차 어렵지만, 앞으로는 산간 지대에도 GPS의 정밀도가 개선되리라 생각하므로 미래에는 더욱 서비스가 절실한 산간 지역까지도 실시할 가능성이 있을 것으로 기대합니다.

Q : 일본에서 드론 배송을 실현하기 위해서는 어떤 점이 걸림돌입니까?

고이부치: 물론 안전면, 기술면에서의 해결되지 않은 과제가 여러 가지 있습니다만 가장 유념하는 점은 드론에 관한 규제 강화의 움직임입니다. 드론으로 지방 경제가 부활할 가능성이 크다고 보기에 그 가능성의 싹을 자르지 않았으면 하는 바람입니다. 이용하는 고객이나 장소의 협조를 구하면서 합법적으로 진행하려고 생각합니다. 이런 의미에서 새로운 서비스를 적극적으로 도입하기를 원하는 지역 특구가 있다면 기꺼이 함께하고 싶습니다.

또 항공법이나 전파법, 의약품을 운반한다면 약사법 등 여러 가지 법률이 관계되지만, 그것에 대해서는 기존의 규제 내에서 해결할 수 있습니다. 문제는 토지의 소유권입니다. 상공까지 소유권이 미친다는 민법의 규정이 있어서 그것을 해결하기 위해서 지자체와 의논하고 있습니다. 드론 배송을 이미지화한 프로모션 영상을 촬영했습니다만 드론을 날릴 때 마을의 주민 모두에게 허락을 받았습니다. '이 지역에서는 날려도 됩니다'라는 모든 지역주민의 합의를 얻어야 한다는 점이 실험에 앞서 해결해야 할 과제입니다.

Q : 시험 비행을 촬영했을 때 지역 주민들의 반응은 어땠습니까?

고이부치: 예상 이상으로 고령자분들은 침착하게 기다리셨습니다. '이

런 기계가 물건을 배송하는 시대가 됐구나. 이런 물건을 구경할 수 있게 오래 살기를 잘했다'는 반응이 많았습니다. 40~50대는 과민하게 반응하는 분들도 있었습니다만 그 이상의 연령대는 텔레비전이나 전화가 없던 시절을 경험하였고 그로부터 기술이 진화하여 스마트폰이나 태블릿 PC와 같은 기계가 나오는 과정까지 봐왔기에 이 정도의 물건으로는 놀라지도 않는다는 인상을 받았습니다.

(2015년 6월 11일 취재)

CHAPTER 05

법과 규제를
활용하라

적기법의 오류

자동차의 뿌리라고 부르는 것 중 하나가 프랑스 육군 기술 대위 니콜라 조셉 퀴뇨(Nicholas Joseph Cugnot)가 1769년에 발명한 '증기자동차'다. 이름 그대로 증기기관으로 움직이는 자동차로 포병부대가 대포를 견인할 때 사용하기 위해 발명했다. 속력은 시속 4km 정도밖에 낼 수 없었고 구조가 원시적이며 조종이 어려워 1771년에는 시험주행 중에 벽을 돌파하는 사고를 내기도 했다. 세계 최초의 자동차 사고였다.

그렇게 미덥지 않은 증기자동차였지만 그 후 순조롭게 개선되었고 19세기에는 실용화되어 유럽 여러 나라의 시가지를 달리게 되었다. 당시 증기자동차 기술의 발전을 선두에서 이끌었고 차량의 보급 대수도 세계에서 앞서가던 나라가 영국이었다.

영국은 증기기관을 발명한 제임스 와트의 출신지이고 증기자동차 분야의 전문가를 여러 명 배출했다. 게다가 비즈니스에도 발 빠르게 진입해 1836년에는 어느 여객운송업자가 런던에서 런던의 남쪽 85km 위치에 있는 브라이턴 사이를 잇는 경로로 1년간 1만 3,000명이나 되는 승객을 증기자동차를 이용하여 운송했다고 한다.

반면, 혁신적인 테크놀로지에 반발하는 움직임이 생겨나는 현상은 옛날이나 지금이나 변하지 않은 듯하다. 기대를 모으던 신기술인 증기자동차의 발전을 저해하는 규제가 차례로 영국 내에서 생겨났다. 기계의 힘으로 달리는 이동수단이라는 익숙하지 않은 존재에 대한 사람들의 두려움과 자신의 일감을 빼앗길지도 모른다는 철도회사나 마차업자 등 기존 사업자의 절실한 문제의식이 터무니없이 비싼 통행세와 같은 불합리한 법규를 낳았다.

가장 대표적인 법규가 1865년에 도입한 적기법(赤旗法, Red Flag Act)이다. 이 법은 증기자동차를 운행할 때 시외에서는 시속 약 6.4km, 시내에서는 3.2km로 최고 속도를 제한한다는 법으로 게다가 달리는 증기자동차 앞에는 붉은 깃발(야간에는 붉은 램프)을 든 사람을 앞세우도록 정했다. 증기자동차가 일으킬 사고 위험을 줄이기 위해서라는 표면상의 이유가 있었지만, 적기법을 제정한 사람들의 의도대로 법이 통과된 후부터 영국의 자동차산업은 다른 나라에 추월당하기 시작했다. 엄격한 규제에 답답해진 기술자들이 프랑스나 독일, 미국 등으로 이주했기 때문이다. 한 번 통과된 법률은 폐해가 드러나도 좀처럼 바뀌지 않았고, 법이 통과된 지 30여 년 지난 1896년에서야 폐지되었다.

공간을 이동하는 기계에는 물리적인 사고를 일으킬 수 있다는 리스크가 반드시 존재하기 마련이다. 또 의식적으로 그 힘을 이용해 큰 사건을 일으키려는 사람도 나타난다. 꼭 고도로 발달한 기계여야 할 필요가 없다. 세계 최초의 자동차 폭탄 테러도 1920년 뉴욕의 월가에서 발생한 '폭파물과 철산탄을 실은 짐마차'의 폭발사건이었다.

새로운 이동물체가 등장했을 때는 문제가 발생할 확률을 줄이거나, 문제가 발생했을 때 피해를 최소한으로 줄이는 방법을 고안하여 사회에 보급할 필요가 있다. 기술적인 부분뿐 아니라 법률적인 부분, 도덕적인 부분 등 다양한 접근이 필요하다.

컴퓨터 보안 업계 전문가인 브루스 슈나이어(Bruce Schneier)는 자신의 저서에서 사회에서 신뢰감을 유지하기 위한 네 종류의 사회적 압력이 있다고 정리했다. 도덕적 압력('사람을 죽여서는 안 된다' 등의 논리에 바탕을 둔 자주적인 행동 제어), 평가 압력('나쁜 평가를 받고 싶지 않다'는 심리를 바탕으로 한 자주적인 행동 제어), 제도적 압력(법률 등 성문화된 규범, 또는 그것을 보장하는 벌칙이나 보수), 보안 시스템(문의 열쇠나 높은 담장, 경보 시스템, 경비원 등의 기술이나 장치에 의한 질서의 유지)이다. 어떤 한 가지 압력에 의존하지 않고 각각의 장단점을 이해하고 조합하여 적용해야 할 필요가 있다고 그는 말한다. 교통위반을 없애기 위해서 교통법규를 정할 뿐만 아니라 학교나 커뮤니티를 통해 '교통 법규를 지키자'는 의식을 심어주든지, 감시카메라를 설치해 위법행위를 기록하든지, 카메라 자체의 존재감으로 '감시당하고 있다'는 인상을 주는 등의 방법이다.

특히 증기자동차를 둘러싼 적기법의 이야기는 새로운 기술에 대한 법률의 설계가 보통 방법으로는 안 된다는 사실을 보여준다. 검토 과정에서는 다양한 의도가 담겨 생각지도 않았던 부작용을 일으키기도 한다. 그리고 한 번 법률로 정하고 나면 정해진 규제가 표준이 되어 바꾸려면 더 큰 노력이 필요하다. 특히 최근에는 기술의 발전 속도가 빨라서 논의나 법규의 성문화, 개정을 진행하는 중에 기술적인 현상과 법률의 내용 사이에 틈이 생기기 쉽다는 점에도 주의가 필요하다.

드론도 지금까지 사용한 이동수단과 비슷한 위험이 있기에 규제는 피할 수 없다. 하지만 과도한 제약은 막 피어나려고 하는 드론 산업이나 기술 발전에 마이너스가 될 것이다. 유연성을 유지한다면 법률 이외의 방법으로 안전성을 유지할 수 있다. 지금 드론의 규제를 둘러싼 과제가 어떤 것이고 앞으로 사람들이 어떻게 대응해야 하는지 정리해보자.

규제에 관한 내용은 모두 이 책을 집필하는 시점(2015년 6월)의 정보다. 지금 각국은 드론의 규제 방향을 검토하는 중이고 새로운 법률을 만들고자 하므로 최신 정보를 확인해주기 바란다.

드론의 과제

과제 ① : 비행

크기가 작고 사람이 타지 않는다고 해도 드론이 '비행기'인 것은 분명하다. 하늘에 가로막는 것이 없다고 해서 자유롭게 비행을 인정한다면 추락이나 충돌 또는 다른 비행기를 방해해서 문제를 일으킬 수 있다. 그래서 각국에서는 다양한 형태로 비행기에 관한 법규를 마련했다([표7]

	지금까지의 과정	주요 규제 내용	법 개정 움직임
일본	항공법에서 UAV에 관한 명확한 정의 없음. 상업적으로 이용할 경우의 언급 없이 고도 250m 미만이라면 규제대상 밖으로 다른 나라에 비해서 비교적 느슨한 상황.	※공항 주변 등 일정 공역은 비행금지. ※고도 250m(공항로 내는 150m) 미만은 항공법상 규제 없다. ※단 민법으로 인정한 토지 상공의 소유권 등의 관련 법규로 규제.	2015년 4월 수상관저 드론 침입사건이 발생한 이래 야간비행금지 등 지금까지에 비해 엄격하게 규제해야 한다는 움직임이 있다. 도쿄 도 등 자치단체가 조례로 독자적으로 UAV의 비행금지지역을 설정하려는 움직임도 있다.
미국	테러 등을 경계하기 위해서 지금까지 UAV의 상업적 이용은 원칙적으로 금지. 하지만 산업계에서 규제 완화를 요구하는 목소리가 강해 방침을 전환할 자세를 보인다.	※상업적 이용은 금지지만 예외 규정으로 FAA(연방항공국)의 심사를 거치면 허가받는 방법이 있다. ※비행은 고도 약 150m 이하, 가시 범위 내로 한정.	현행법의 개정안이 2015년 2월에 발표되어 대중의 의견을 받아들였지만 여전히 엄격한 내용(가시 범위 내로 제한하고 야간비행이나 사람들의 머리 위를 비행하는 것은 금지)을 조건으로 하여 산업계에서 비판의 목소리가 계속되고 있다.
캐나다	인접국인 미국보다 법규가 느슨하여 상업적 이용을 위한 환경정비를 진행하고 있다. UAV 산업육성에도 적극적이어서 미국과의 차이를 강조하며 기업에 어필하고 있다.	※2kg 이하의 기체 또는 2.1~25kg 기체의 상업적 이용에 관해서 각각 적용 제외 조건을 지키면 허가신청이 필요 없다. ※25kg 이상 되는 기체의 상업적 이용에 관해서는 캐나다 운송성에서 허가를 받아야 한다. ※비행은 고도 90m 이하, 가시 범위 내로 한정.	2010년부터 정부와 산업계의 합동연구회 등을 개최하여 규제 완화를 위한 대화를 진행 중이다. 그러는 가운데 가시 범위 밖에서의 비행 허가에 대해서 검토 중이다.
영국	관련법에서 UAV의 명확한 정의 없음. 20kg 미만의 기체로 규제를 따르면 비행을 허가한다.	※상업적으로 이용하는 경우에는 CAA (민간항공국)에서 허가가 필요하다. ※공항 주변 등 일정 공역은 비행금지. ※비행은 고도 약 122m 이하 가시 범위 내 (500m를 넘는 경우는 500m)로 한정.	CAA에서 UAV를 대상으로 한 새로운 규제안을 검토하여 2015년 8월부터 새로운 규제가 시행된다. 일부 UAV의 조종은 허가증을 요구하는 형식이 될 예정이다.
프랑스	일찍이 관련 법규의 제도화를 진행한 나라 중 하나다. 상업용 UAV의 증가에 따라 2011년 민간항공총국(DGAC)이 관계자와 함께 검토하였다. 2012년 4월부터 관련 법규가 실행되었다.	※UAV를 형태에 따라 A~G의 7개의 카테고리로 분류하고 비행 공역도 4종류로 나누어 각각 다른 규제를 적용한다. ※상업적 이용에 주로 관계하는 것은 카테고리 C/D/E의 3가지. ※조종은 파일럿 면허를 가진 사람이 한다. ※가시 범위 외의 비행은 특별한 장치와 안전장치가 필요하다.	2014년에 유럽위원회가 EU 내의 UAV 규제를 종합하는 움직임을 보여 국내 기존법을 재검토했다. 단 규제를 더 완화하는 방향으로 UAV의 상업적 이용을 촉진하는 자세다.
EU	EU 가맹국 사이에서 UAV에 관한 규제의 차이가 있기에 2014년에 유럽위원회가 규제정리를 요구하였다. 그것을 바탕으로 2015년 3월에 EASA(유럽항공안전기관)가 개요를 발표하였다.	※2015년 3월에 EASA가 종합 규제의 개요를 발표하였고 그 가운데 UAV의 운용형태에 대하여 '오픈', '특정', '인가' 3종류의 규제를 제안하였다. ※'오픈'은 일정한 조건을 지키면 허가 신청이 필요 없다. ※'특정'은 리스크가 있는 운용형태로 규제 당국과 리스크의 파악과 대책에 관해 합의해야 한다. ※'인가'는 종래의 유인비행기 정도의 리스크를 가진 것으로 유인비행기와 유사한 규제를 받는다.	

[표7] 각국의 비행 관련 법규

참조). 또 민간 항공기의 운항이나 관제에 관한 법규를 설정하는 기관인 국제민간항공기관(ICAO)에서도 유인기와 무인기가 함께 공중을 운행하는 환경을 목표로 하여 새로운 기준을 만들고 있다. 2015년 3월에 이미 지침이 발표되어 2019년 이후에 국제규제가 발효될 계획이어서 각국의 드론 관련 규제에 영향을 미칠 것으로 예상된다.

현재의 규제에서 가장 일반적인 것이 날리는 고도 제한이다. 드론은 소형이지만 최근에 나온 기종은 성능이 좋아서 시판 중인 기체도 수백 미터는 여유롭게 상승한다. 하지만 정해진 고도의 윗부분은 이미 유인비행기가 이용하는 공간이다. 또 비행 성능으로 보아서는 수백 미터를 상승할 수 있다고 해도 전파나 시계가 미치지 않고는 컨트롤할 수가 없다. 따라서 높이를 제한하는 것은 안전의 측면에서 빼놓을 수 없는 법규다.

현재 일본의 항공법에서도 고도에 관한 규제가 있다. 단지 항공법에서는 소형 무인비행기에 관한 명확한 정의가 없다. 애초에 항공법이 항공기의 안전운행을 목적으로 하여 만들어진 법률이기 때문이다. 단 일반 비행기의 '비행에 영향을 끼칠 우려가 있는 행위'에 관한 규제(항공법 제99조의 2)가 있어서 드론도 그 일부에 포함되어 있다.

이 규제에서는 고도 250m 이상(항공로 내에는 150m 이상)은 제한되는 공역으로 비행할 경우에는 통보해야 한다. 하지만 그 미만이라면 항공법상 규제가 없다고 해석해 법률상으로는 비행에 관한 법규가 미치지 않는 상태가 된다. 드론 규제에 관한 논의에서 '일본은 다른 나라에 비해서 규제가 느슨하다'고 지적되는 이유가 바로 이 부분이다.

한편 공항이나 중요시설 주변 등의 정해진 공간에서 비행을 금지하는 법규도 일반적이다. 이 법규도 사회의 안전을 유지한다는 점에서 이해할 수 있는 부분이다. 단 최근에는 지방자치단체가 관리하는 공원 등에서도 드론을 날리는 행위를 '민폐 비행'으로 간주하여 비행을 금지하는 사례가 늘어나고 있다. 또 이벤트 주최자가 방문객에게 드론을 날리지 않도록 요청하는 사례도 나타나기 시작했다. 실제로 추락하는 등의 위험이 있는 이상 이러한 행위가 과민반응이라고 말할 수는 없지만 기체 개발이나 공중촬영을 하는 사람의 입장에서는 비행 가능한 장소가 많을수록 좋으니 앞으로는 '날릴 수 있는 장소를 어떻게 제공할까?' 하는 점을 논의하게 될지도 모른다.

고도와 공역에 관한 제한이 비교적 이해하기 쉬운 부분인 한편 찬반양론이 있는 부분이 '야간비행금지'와 '가시 범위 내에의 비행'이다.

야간비행금지에 관해서는 국토교통성이 항공법의 개정안으로 '야간에 야외에서의 비행을 원칙적으로 금지한다'는 방침을 세웠다고 발표했다. 야간에 소형기를 날리는 것은 오작동 위험도 높고 또 위반 행위를 발견하기 어렵다는 위험성이 있다(실제로 수상 관저에 불법 침입한 드론은 검은색으로 야간에 비행했다). 단 어쩔 수 없이 날려야 할 일이 생길 가능성도 있으니 '원칙'을 어디까지 지켜야 하는지가 관심이 집중되는 부분이다.

'가시 범위 내에서의 비행'도 안전성 면에서 생각하면 당연한 규제다. 단 최근의 드론은 탑재한 카메라로 촬영한 영상을 조종자 눈앞에 있는 단말기로 송신하여 그것을 보면서 조작할 수 있는 FPV의 기능을 갖춘 모델이 많다. 이 기능이 있다면 충분히 안전을 확보할 수 있고 또

FPV를 통한 조작이 '가시' 범위에 속하지 않는가 하는 점에서 논의되고 있다.

또 이 법률에 관해서는 특히 산업계를 중심으로 반발의 목소리가 크다. 이 부분을 인정하면 '드론 배송' 같은 고도의 자율성을 가진 드론을 활용하는 서비스가 불가능하기 때문이다. 실제로 아마존은 미국 FAA(연방항공국)가 내놓은 방침에 반발하여 '프라임에어' 서비스를 위한 실증실험을 캐나다 등 미국 밖에서 실행하고 있다. 안전을 우선할지 산업진흥을 우선할지에 관한 논의는 드론 규제 전반을 둘러싼 주제지만, 이 중 특히 빈번하게 드러나는 법규가 '가시 범위 내에서 비행한다'는 부분이다.

이렇게 다양한 의견이 있지만 비행을 제한하는 데에는 어느 정도 사회적인 합의가 있어서 각국이 법률을 바탕으로 하여 고도나 공역 등을 제한하고 있다. 하지만 복잡한 하늘의 구분이나 비행금지 공역의 장소를 머리에 완벽하게 집어넣고 비행하는 사람은 제한되어 있다. 특히 소형비행기의 경우 하늘에 교통표식을 띄울 수도 없어 법규를 지키려는 마음이 있는 유저라도 제대로 지키기가 어렵다. 그래서 법률의 실효성을 보증하기 위해서 ICT를 활용하여 법규를 지키기 쉽게 하고 법의 준수를 촉구하자는 움직임이 생겨났다.

예를 들어 미국 기업 에어맵(Air Map)은 미국 내에 설정된 공역을 지도 애플리케이션에 나타내준다. 지금 법률에서 어떻게 하늘이 구분되고 어디라면 드론을 날려도 괜찮은지 눈으로 보고 확인할 수 있다. 국립공원 등 특별히 드론을 금지하는 법규가 설정된 지역이나 주민이 규제를 요청하는 지역을 같은 지도 위에 겹쳐서 표시할 수 있다.

　FAA도 비슷한 드론 관련 법규 해설 애플리케이션 '비포 유 플라이'(B4UFLY)의 제공을 계획하고 있다. 43만 달러(약 5억 원)의 예산을 들여 개발 중으로 2015년 여름에 베타테스트를 시작할 예정이다. 개발 중인 기능은 드론을 날리고 있거나 날리려고 하는 장소가 비행금지구역에 포함되어 있는지 판정, 플라이트 플랜 작성, 관련 법규의 체크리스트 등이 포함되어 있다. FAA라는 공적 기관에서 제공한 정보라면 드론 유저도 안심하고 따를 수 있을 것이다.

　그리고 봇링크(Botlink)라는 앱은 마찬가지로 비행금지 구역에 관한 정보를 제공하면서 정보를 공유하고 있는 다른 드론이나 비행기의 현재 위치를 표시하는 기능도 갖추었다. 또 봇링크 유저 사이에 실시간으로 대화를 나눌 수 있는 기능을 추가할 예정이다. 개발을 진행하는 봇링크 사의 CEO 숀 뮬러(Shawn Muehler)는 미국 공군 장교 출신이고 그 이외에도 공군 관련 경력이 있는 사람들이 참가하여 일반 항공기 세계에서 쌓아온 안전 유지 노하우를 살리고 있다.

　이렇게 비행금지 영역을 소프트웨어 상에서 관리하여 자동으로 이륙이나 진입을 회피하는 드론도 존재하고 미래에는 모든 드론에 이와 같은 기능을 도입하게 될 것이다. 특히 이 책이 주목하고 있는 산업용 드론은 누가 조종하든지 안전하게 운용할 수 있어야 한다는 점이 전제조건이기 때문에 자동으로 위험을 회피하는 기능이 절실히 요구될 것이다. 하지만 지금은 그런 기능을 갖추지 않은 기종이 일반적이어서 에어맵과 같은 서비스가 큰 역할을 한다.

한편 이러한 사용자나 기업의 노력이나 법규를 준수하자는 호소에 기대지 않고 제3자가 드론의 위치를 파악할 수 있는 장치를 만들어야 한다는 움직임도 있다. 미국 베라이존(Verizon)과 NASA가 공동으로 개발하고 있는 'UAS 교통관리시스템'(UTM)이라는 이름의 장치로 드론용 항공교통관제 시스템이다. 베라이존은 미국 각지에 설치해놓은 1만 개가 넘은 휴대전화 기지국을 통해 비행 중인 드론과 통신을 교환하여 그들의 위치를 파악한다. 뿐만 아니라 비행금지 공역에 접근했다는 사실을 알린다든지 드론 간의 접근을 알려 충돌을 회피하도록 하는 시스템까지 검토하고 있다고 한다.

2019년 실용화를 목표로 현재는 NASA 에임즈 우주센터에서 연구를 진행하고 있다. 흥미로운 것은 NASA는 구글이나 아마존과 함께 드론을 비롯한 무인기 시스템을 연구할 예정으로 에임즈 우주센터에서는 스스로 달리는 자동차도 실험하고 있다. 드론용 항공교통관제 시스템은 최종적으로 다양한 무인기나 로봇의 위치를 확인하여 그들을 관리하는 장치로 발전할지도 모른다.

그리고 베라이존이라는 통신업체가 계획에 관여하고 있다는 점에서 4장에 소개한 '드론 서비스 프로바이더'의 등장을 예감할 수 있다. 가령 휴대전화 기지국을 거점으로 한 드론 관제기술이 실용화될 경우 자연스럽게 통신업체가 운용을 담당하게 될 것이다. 베라이존은 현재의 보도에 대해 실제보다 과대평가되었다고 언급했지만, 그들의 계획을 주시할 가치는 충분히 있다고 본다.

한편 드론의 접근을 직접 감지하는 기술도 나왔다. OKI(오키전기공업)

에서 개발한 드론의 회전날개가 내는 소리를 인식하는 장치다. 공중 음향기술을 활용하여 드론이 내는 특유의 소리를 식별하여 접근을 감지한다. 그리고 날아오는 방향이나 앙각, 거리까지 알 수 있는 고도로 발달한 장치다. 소리를 감지하기 때문에 밤낮을 구별하지 않고 사용할 수 있고 또 반경 150m라는 넓은 범위에 대응할 수 있다. 재미있는 것이 회전날개가 내는 소리는 기종마다 특징이 있어서 어떤 기종이 날아오는지까지도 식별할 수 있다고 한다.

소리로 드론의 접근을 감지하면 범죄자에게 사용하는 '그물 발사총'으로 붙잡거나, 다른 드론을 출동시켜 바로 위에서 와이어를 떨어뜨려 회전날개가 제 기능을 못하게 만드는 방법 등을 연구하고 있다. 미국에서는 사유지 내에 불법 침입한 드론을 드론으로 격추하는 것이 정당한지 아닌지 하는 논의까지 시작되었다. 개인이 드론에 대한 물리적인 대항수단을 취한다는 이야기는 그다지 바람직하지 않다. 하지만 계속 늘어나는 드론에 효과적인 질서가 정립되지 않으면 이러한 행위가 방어책으로 인정될지도 모르는 일이다.

과제 ② : 조종자

2014년 11월 3일, 가나가와 현에서 개최된 소난 마라톤에서 공식적으로는 국내 처음으로 '드론 추락에 의한 인사사고'가 발생했다. 대회 주최자의 의뢰를 받아 상공 3m 위치에서 레이스를 촬영하던 멀티콥터(회전날개 8개 타입, 무게는 약 4kg)가 돌연 제어되지 않고 낙하했다. 당시 회전날개에 맞아 여성 스태프의 볼이 4cm 정도 찢어지는 상처를 입었다. 원인은 명확하지 않지만 배터리에 문제가 있었는데 충분히 점검하지 않았다는 지적이 있었다.

아무리 예전의 무선조종 헬리콥터에 비교하여 조종이 쉽다고는 하지만 드론이 하늘을 나는 물체인 이상 추락할 위험이 없을 수는 없다. 따라서 조종하는 사람은 충분한 기술뿐만 아니라 기체나 안전대책에 관한 지식을 당연히 갖추어야 한다.

드론이 의도적으로 부정한 일에 이용되는 경우도 있다. 2015년 4월 22일 일본 수상 관저에 정체불명의 드론이 침입한 사건이 있었다. 조사에서 기체에 미량의 방사성 물질이 탑재됐다는 것과 범인이 의도적으로 추락시켰다는 사실이 확인되어 드론 규제에 관한 목소리가 높아진 계기가 되었다.

그래서 단순히 비행금지 공역 등을 설정할 게 아니라 법규를 이해하며 지켜야 한다는 의식이 있는 사람에게만 드론 사용을 허가해야 한다는 의견이 있다. 말하자면 자동차와 마찬가지로 면허제를 도입해야 한다는 발상이다.

미국 FAA는 새로운 상업용 드론 규제로 파일럿 자격증의 도입을 검토하고 있다. 예컨대 '유인비행기를 수십 시간 이상 조종해야 한다'는 조건 등이 포함될 거라 예측한다. 유인기 파일럿으로 훈련을 받은 사람이라면 기후의 영향이나 공역의 분류 등 관련 지식이나 기술을 습득했을 거라 기대하기 때문이다. 2015년 2월에 발표한 안건에 이 '유인비행기의 조종 경험'이라는 조건은 없지만 대신 'FAA에 의한 자격시험을 2년마다 치러 합격해야 한다'는 조건이 부과되었다.

또 일본 정부도 수상 관저에 드론 침입사건이 발생한 뒤 열린 '소형무인기에 관한 관련 부처 연락회의'에서 중요시설의 경비태세 강화와 함께 법규제의 현황을 협의하여 2015년 6월 2일에 '소형무인기의 안전한 운항 확보를 위한 규제의 골자'를 발표했다. 앞으로 정부가 드론의 운용 법규를 구체화하는 데 지침 등을 제시하는 내용이었다. 구체적인 면허나 자격제도 신설을 요구하지는 않았지만, 소형무인기 이용 촉진과 안전 확보라는 두 입장을 고려한 내용이었다. 특히 '충돌·낙하 등의 사고가 발생할 경우에 항공기나 지상에 있는 사람에게 큰 영향을 주기 때문에 기체의 기술기준 책정과 적합성의 확인 또 조종하는 사람의 능력 확인 등 안전을 확보하기 위한 구조를 구축한다'는 방침을 제안하고 있다.

면허제에 관해서는 반대 의견도 많고 효율적인 제도체계를 설계하려면 시간도 오래 걸릴 것이다. 자동차의 경우 면허제가 있어도 운전자에게 안전에 관한 법규를 배울 기회가 몇 년에 한 번은 주어지는 것처럼 말이다. 특히 산업용 드론에 관해서는 어떤 형식으로든 면허와 유사한 규제를 시행하게 될 것이다.

과제 ③ : 기체의 안정성

아무리 비행에 관한 법규를 정비하고 법규를 지키는 파일럿을 육성한다고 해도 조종하는 기체에 이상이 있다면 더 논할 가치도 없으리라. 또한 잘 정비된 기체라 해도 퀴뇨의 증기기관차처럼 애초에 구조에 문제가 있다면 파일럿이나 정비사가 해결하지 못한다. 그래서 기체의 안정성에 관한 규제도 검토되기 시작했다.

시판하는 드론을 구매하면 대체로 회전날개가 예비 부속품으로 들어 있다. 즉 그 부품이 손상되기 쉽다는 사실을 의미한다. 회전날개는 눈으로 보이는 부분인 만큼 손상됐는지 아닌지 확인하기 쉽다. 하지만 모터의 내부는 어떤지, 계속 날려도 문제가 없는지 등은 눈으로 보는 것으로만은 판단하기 어렵다. 절대로 추락해서는 안 되는 상황에서 드론을 운용하는 기업에서는 기계 스펙이 한계에 도달하기 훨씬 이전에 사용을 정지하는 식으로 대응하는 곳도 많다.

따라서 앞으로는 보수나 점검에 관한 전문지식을 가진 사람을 육성하여 정기적인 점검을 받도록 제도상으로 의무화하는 방법으로 대처할 것이다. 그러기 위해서 기체 등록제도를 운용해 누가 어떤 기체를 소유하고 있는지, 기체는 적절한 장비를 갖추고 있는지, 언제 점검을 했는지 등을 공적 기관이 관리하도록 하는 법규를 각국에서 검토하고 있다. 더불어 기체의 안정성을 유지시키는 제도를 구축하기 위해 노력 중이다.

그중 하나가 비행기록 일지의 집약이다. 어느 드론이 얼마만큼 비행하고 있는지 어떤 비행을 하는지 파악할 수 있다면 그 데이터를 안전성 유지에 활용할 수 있다. 드론 관련 사업을 시작한 블루이노베이션은 '드론 안전관리종합 시스템'을 개발 중으로 2016년 봄까지 제품화를 목표하고 있다. 이 시스템은 드론의 기종과 관계없이 장착 가능한 안전관리 장치를 달고 거기에 비행기록 일지를 수집한다. 또 안전 강습을 수강한 사람에게 IC칩이 내장된 조종자 인증서를 수여하여 인증서로 확인하지 않으면 드론을 날릴 수 없다. IC칩을 통해 인증하기 때문에 자격증이 있는 사람이 다루고 있는지 확인할 수 있다. 그리고 모은 비행기록 일지를 클라우드에 집약하여 다양한 분석에 활용하는 방식이다.

또 이 안전관리 장치는 여객기와 마찬가지로 블랙박스를 갖추고 있어 독립된 비행기록 일지를 기록하고 있다. 따라서 사고가 발생했을 때 비행기록 일지를 해석(인터넷에 접속된 경우에는 자동으로 비행기록 일지가 클라우드로 전송된다)하여 사고원인을 규명하는 데 활용한다. 블루이노베이션은 이런 데이터를 보험 서비스에도 활용하려고 검토 중이다. 최근 자동차 업계에서 실용화한 방법처럼 주행(비행) 상태나 이력을 바탕으로 요금이나 보증 내용이 다른 보험을 개발할 수 있다. 그렇게 된다면 드론의 조종자도 자발적으로 안전하게 비행하고 기체를 적절하게 정비하는 등 긍정적으로 변화할 것이다.

또 블루이노베이션에 협력하고 있는 도쿄대학 교수이자 일본 UAS 산업진흥협의회(JUIDA) 이사장 스즈키 신지(鈴木真二)는 드론 사고가 발생할 뻔했던 상황을 모아 제조업체와 공유하는 방안에 관해 논의하고 있다. 사고가 발생할 뻔한 정보를 공유한 후 기체를 개선하게 된 사례를 다른 산업에서도 볼 수 있으니 어떤 제도나 장치를 마련해서 적극적으로 수집하는 것이 바람직하겠다. 2015년 6월 2일에 발표한 일본정부의 '소형무인기의 안전한 운항 확보를 위한 규제의 골자'에서도 '소형무인기 사고 중에서 특히 중대한 사고에 관해서는 안전 정보를 수집하여 앞으로 소형무인기의 운항 법규 개정에 활용하도록 검토한다'는 문구가 있어 대책을 마련할 것으로 예상한다.

문제는 일본 정부의 발표에서 지적했듯이 '소형무인기는 크기, 재질,

비행성능이 다양해 완구에 가까운 기체에 대해서까지 일률적으로 기체의 안전성이나 조작기량에 관한 규제를 부과한다면 적합하지 않다'는 점이다. 자동차에 요구되는 충돌 안전 성능과 같은 시험을 미니카에도 요구할 수는 없기 때문이다. 반대로 미니카와 같은 안전 기준을 일반 자동차에 적용해도 큰 문제가 된다. 이와 마찬가지로 아마도 크기나 무게, 용도 등을 기준으로 드론을 여러 종류로 분류하여 각각 적절한 안전기준을 설정하게 될 것이다.

또 하나 고려해야만 할 문제는 드론이 발전 중인 기술이라는 점이다. 가령 지금 50시간 이상 비행하고 나면 날릴 수 없게 될 기체가 1년 후에는 500시간이나 안전하게 날아다닌다면 어디에 맞추어 규정을 설정하는 것이 바람직할까? 미래를 예측하여 엄격한 기준을 도입했을 경우 그에 대응할 수 있는 일부 제조업체만이 드론을 취급할 수 있게 되거나 한정된 용도의 드론만 사용하게 될 것이다. 반대로 현 상태처럼 정해진 안전성에 맞춘다면 안전기술에 투자하려는 제조업체가 줄어들거나 무리하게 운영하여 사고율이 높아질지도 모른다. 설정하는 안전기준을 조금 조절하는 것만으로도 드론 산업도 사회도 큰 영향을 받을 것이다.

예컨대, 캘리포니아 주에서 시대를 앞선 엄격한 자동차 배출가스 규제가 행해졌을 때 자동차 제조업체는 캘리포니아의 기준에 맞춘 특별한 장비를 장착한 차동차를 개발해야만 했고 그 규제를 기술 혁신으로 대응한 제조업체는 이득을 얻었다. 드론의 안전기준을 둘러싼 움직임에도 비슷한 이야기가 반복될 것이다.

과제④ : 전파

점점 소형화·고도화되는 스마트폰 등의 통신단말기는 우리 생활에 깊이 밀착되어 이제는 없어서는 안 될 존재가 되었다. 하지만 엔드유저가 통신단말기를 손쉽게 사용하는 이유는 기술적으로 발전했기 때문만이 아니다. 통신업체가 복잡한 전파법에 대응해 개개인은 면허를 취득하지 않고도 전파를 사용할 수 있다. 사용자는 계약하고 단말기를 구매하기만 하면 이용할 수 있는 환경이 되었다.

그런데 전파를 사용하는 것이 너무 간단해져서 법률상으로 위법인 사항을 유저가 모른 채 사용하는 사례가 드물지 않다. 예를 들어 최근 유행하는 '셀카 봉'도 셔터를 누르는 조작을 블루투스로 할 경우 '소전력 무선국'에 해당되어 전파법령의 기술 기준에 적합하다는 표시를 해야만 한다. 이런 정보가 없는 일반인들이 기술 기준에 적합하다는 표시가 없는 해외 수입제품을 사용해 문제가 되는 경우가 있다.

드론도 비슷한 문제가 발생했다. 이전의 무선조종기는 조종용 전파로 취미용인 40MHz대·72MHz대, 그리고 산업용의 73MHz대를 이용했다. 하지만 2000년 후반 무렵부터 무선 LAN과 같은 주파수, 즉 2.4GHz대를 사용하는 모델이 나왔다. 이런 모델이 제조된 배경은 무선 LAN과 같이 대량생산되는 값싼 관련 부품을 활용할 수 있다는 이점이 컸기 때문이다. 지금은 드론에 이르기까지 2.4GHz대를 사용하는 제품이 주류를 이룬다.

문제는 국가에 따라 무선 LAN에 할당하는 전파 대역이 다르다는 점이다. 미국에서는 5.8GHz대도 무선 LAN에 사용할 수 있어 5.8GHz대를 사용하는 드론 모델을 판매한다. 그런데 같은 제품을 일본에서 수입해 사용하려면 전파법 위반이 된다. 일본은 5.8GHz대를 자동차의 ETC에 할당하고 있기 때문이다.

또 무선 LAN과 같은 전파 대역을 사용하기 때문에 무선 LAN을 사용하는 기기가 많은 곳에서는 드론의 조종에 영향을 미친다. 평야나 산에서 날린다면 문제가 발생하지 않지만 시내에서는 스마트폰을 시작으로 무선 LAN을 사용하는 기기가 넘쳐난다. 실제로 혼선이 발생하여 조종자가 컨트롤하지 못해 드론이 추락한 사건도 있었다.

물론 드론 전용 전파 대역을 설정한다면 좋겠지만 전파 대역은 유한하기에 기존에 다양한 용도로 세분되어 할당된 이상 다시 설정하기가 쉽지 않다. 2.4GHz대의 사용이 주류가 된 이유를 떠올리면 다른 전파 대역을 다시 할당한다고 해도 새로운 문제가 발생할 수 있다. 또 할당된 전파를 사용할 때 면허가 필요한지 아닌지에 따라 비즈니스에 사용하기 편리한 정도가 달라진다. 손쉬운 방법이 반드시 좋은 것만은 아니니 자격자에게만 사용을 허가한다면 그만큼 혼선이 적고 안정성이 높은 전파 이용 환경이 갖추어질 것이다.

또 드론을 어떻게 사용하는가에 따라 전파법상의 규정에 제약이 생기는 경우가 있다. 2015년 3월 와카야마 현의 다나베 시 소방본부가 드론을 이용한 구조훈련을 했다. 다나베 시에서는 시내나 근린지역에 일어난 자연재해로 큰 피해를 보았기에 이전부터 NPO 법인정보 시큐리티 연구소와 함께 소방 활동용 드론을 개발하고 있었다. 3월에 실시한 훈련에서는 최대 적재량 1.2kg, 비행 가능 시간(배터리 1개) 15분인 자체 제

작한 드론을 이용하여 강의 모래톱에 사람이 빠졌다고 가정하고 구명도
구를 투하하는 실험을 했다.

드론에는 디지털 간이 무선기(출력 5W로 351.2MHz와 351.38125MHz의 주파수
를 사용하는 타입)와 스피커가 탑재되어 구명도구를 투하하면 피해자에게
사용방법을 스피커로 설명한다. 그리고 설명 내용이 이해된 경우에는
피해자가 손으로 'O'을 표시하고 반대로 이해하지 못했을 때는 '×'를
표시하여 그것을 카메라로 찍어 오퍼레이터에 영상을 보내는 방식이다.
왜 양방향 통신으로 하지 않고 이렇게 번거롭게 신호를 주고받아야 할
까? 왜냐하면 전파법상 탑재된 디지털 간이무선기로는 상공에서 송신
할 수 없기 때문이다.

앞으로 드론의 산업적 이용이 본격화되는 가운데 단순히 데이터를 모
으는 것뿐만 아니라 양방향 커뮤니케이션이 요구되는 사례도 늘어날 것
이다. 또 드론의 뒤를 이어서 도로나 건물 내를 이동하는 로봇이 나타날
것이다. 그때그때 대처해 규제를 바꾸는 것이 아닌 미래에 어떻게 활용
할지 밑그림을 그려본 다음에 관련법을 개정해 나가야 한다.

일본 총무성에서는 이 과제를 해결하기 위해 2014년 11월에 '로봇
용 전파이용 시스템 조사연구소'를 설립했다. 드론을 포함한 로봇의 이
용현황을 확인하고 산업계의 니즈를 파악하여 기술적 검토를 거친 후
2015년 4월에 '로봇용 전파 사용 시스템에 관한 요구 요건과 무선통신
시스템의 기술적 조건(안)'을 종합하였다. 또 드론 전용 주파수를 설치
하는 문제에 관해서도 머지않아 움직임이 있을 것으로 예상하며 몇 년
내에 규제가 큰 폭으로 바뀔 것이다.

과제 ⑤ : 운송

2장에서 소개했듯이 지금 많은 국가와 기업에서 드론을 배송에 이용하려 한다. 운반하려는 물품의 종류도 책이나 문구 등 비교적 간단한 물건에서 맥주나 피자 같은 식료품, 의약품, 자동심장충격기에 이르기까지 폭넓다. 실제로 드론 배송이 상용화된다면 운반하는 내용에 관한 규제가 발생할 것이다.

　의약품은 긴급 상황에 필요할 경우가 많은 물품이고 소형이며 가벼운 물품이 많아서 드론 배송에 적합한 대상이다. 하지만 잘못된 용도로 사용한다면 위험하니 배송이나 판매에 엄격한 법규와 지침이 존재한다. 일본에서는 의약품의 인터넷 판매를 둘러싸고 치열한 논의가 벌어져 2014년 6월부터 재정약사법이 실행되고 있지만, 남은 규제를 둘러싸고 계속해서 논쟁이 벌어졌던 기억이 생생하다. 전자동 드론이 무인으로 의약품을 배송하게 된다면 그 운용법을 둘러싸고 다시 논쟁이 벌어질 것이다. 실제로 유럽에서는 폴란드에서 금지된 경구 임신중절 약을 독일에서 드론으로 배송 받는 단체가 있었다.

　또 매터넷이 국경없는의사회와 함께 파푸아뉴기니에서 실시한 실험에서는 결핵에 걸렸는지 아닌지를 판단하기 위한 검체로 감염이 의심되는 인물의 타액을 드론으로 배송했다. 어디까지나 의료행위의 일부라고 해도 이러한 배송이 적절한지 아닌지는 상황에 따라 판단이 달라질 것이다. 현재 일본에서는 병원체를 국내에서 운송할 때, 특정 병원체에 관해서는 운항에 앞서 공안 위원회에 신청서를 제출할 필요가 있다. 또 1차 용기, 2차 용기, 외장 용기, 3중으로 포장하여 바이오헤저드

(Biohazard) 마크를 붙여야 한다. 드론으로 전자동 공중 배송하는 경우에 관해서는 추가로 안전기준을 검토할지도 모른다.

기술상·법률상의 문제가 해결되었다고 해도 바이오헤저드 마크를 붙인 드론이 상공을 나는 문제에 대해서 일반 시민들은 어떻게 반응할까? 쓰레기 처리장을 건설할 때와 마찬가지로 사전에 통보하고 협의를 거치는 과정이 필요하지 않을까?

이외에도 드론 운송에는 다양한 회색지대가 존재한다. 현재 비행기로 운송 사업을 벌이는 회사에 대해서는 화물사용 운송 사업법 등에 의한 관련 법규가 있다. 드론 기술이 발달하여 조그만 화물을 개인이 드론으로 배송할 수 있게 된다면 이 법률의 적용범위 내에 들어갈까? 물론 개인적으로 드론을 날려 물건을 운반하는 거리는 한정되어 있지만 매터넷과 같이 릴레이 방식으로 멀리까지 배송할 수 있도록 계획하는 기업도 있다. 예전에 단말기와 단말기가 데이터를 직접 주고받는 P2P 기술을 이용한 파일공유 소프트웨어가 유행하여 문제가 되었듯이 불특정다수의 드론 소유자가 배송 네트워크를 형성하여 운용하려 할지도 모른다.

과제 ⑥ : 프라이버시

가령 안전이나 법률상 문제가 없는 공역에 있었다고 해도 아무 조사도 없이 드론을 날려서는 안 된다. 특히 최근에는 카메라 같은 기록을 남기는 기기를 탑재한(혹은 내장되어) 기종을 날리기 때문에 말하자면 감시카메라가 하늘을 날아다니는 상황이다. 따라서 드론 주위에 있는 사람이

프라이버시를 침해당할까 느끼는 불안에도 어떤 식으로든 대처가 필요하다.

일본 민법에 토지 소유권은 그 토지 상공에도 미친다고 정해져 있다. 아무리 하늘에 벽이나 펜스가 없다고 해도 드론은 토지 소유자의 동의 없이 마음대로 진입하거나 통과할 수 없다. 현재의 주택들이 하늘을 나는 카메라가 여기저기 있는 상황을 전제로 설계되지 않았기에 사유지의 부지 내에 들어가지 않고 가까운 상공을 날기만 해도 건물 내부를 관찰할 수 있다. '사유지에 들어가지 않는다'는 규정만으로 프라이버시를 보호하기에는 불충분하다.

프라이버시 보호에서 빠트리기 쉬운 요소 중 하나가 '소리'다. 적극적인 방지책은 아니지만 드론이 내는 소리를 듣고 접근을 알아차려 촬영을 당하기 싫다면 커튼을 닫는 방법도 있다. 엔진 소리로 자동차가 가까이 온 것을 알아차리는 것과 마찬가지로 셔터를 누르는 소리로 촬영 중이라는 것을 알아차리기도 한다. 실제로 치바 대학의 노나미 겐조(野波健蔵) 특별교수는 드론 관련 이벤트를 할 때 경찰관계자가 드론의 소음 기술을 연구해야 한다고 언급했다. 어디선가 아주 조용한 드론이 완성되었다고 해도 디지털카메라나 전기자동차와 같이 일부러 소리를 내는 기능을 강제적으로 첨가해야 할지도 모른다.

반대로 소음공해를 일으킨다는 우려의 목소리도 높다. 많은 드론이 한곳에 모여드는 사태가 발생하면 법률상 비행이 허가되는 장소라 해도 주민들의 불평이 쏟아질 것이다. 실제로 각국에서 검토 중인 드론 규제안 가운데는 소음에 관한 항목을 포함하려는 움직임이 있고 일정한 제한 사항이 첨가될 수도 있다.

한편 프라이버시는 저널리즘 분야에서도 논의되고 있다. 2장에서 취재를 위해 드론을 사용하는 '드론 저널리즘'에 관해 소개했지만, 유명인의 사생활을 쫓는 '파파라치' 행위에 드론이 이용되어 문제가 되는 사례가 실제로 발생하고 있다. 드론인지 사람인지 차이일 뿐 유명인을 취재한다는 상황은 별반 다르지 않다는 의견도 있지만, 기술적으로 특정 인물을 인식하여 계속 쫓아다니는 도구를 방치하는 것이 과연 옳을까? 영국의 고 다이애나비의 자동차 사고가 무리하게 쫓아다니는 파파라치가 원인이었다는 설도 있다.

드론을 사용한 '미디어스크럼'(media scrum: 집단적 과열 취재)의 우려 또한 크다. 미디어스크럼이란, 화제가 되는 큰 사건을 취재하기 위해서 보도기관이 몰려들어 취재대상자나 주변 사람들 또는 지역 주민에게 손해를 끼치는 행위를 말한다. 거기에 드론이 가담한다면 한층 위험한 상황을 만들어낼 가능성이 있다.

2장에서 네팔 대지진 때의 드론 활용에 대해 언급했지만, 당시 인도적 지원 단체 이외에 많은 보도기관도 드론을 준비했다. 보도 방송에 사용할 영상을 상공에서 촬영하기 위해서다. 현장에서는 혼란이 발생해 드론의 움직임이 완전히 통제되지 않고 보행자의 상공을 날아다니며 관계없는 사람들에게 접근하는 등의 위험한 상황이 발생했다. 또 계획 없이 촬영한 영상이 공개되어서 귀중한 문화재를 노리는 절도범이 절도 계획을 세우기 위해서 활용할 수 있다는 의견도 있었다. 이런 사태가 발생하자 네팔 정부는 드론을 날릴 때 당국의 허가를 받으라는 규제를 시급하게 만들었다.

　네팔 피해지에서 드론을 활용하는 단체를 중개하는 역할을 맡은 휴머니타리안 UAV 네트워크는 이러한 상황에서 자주적인 규칙인 행동강령을 정리해 '50시간의 비행 경험이 없다면 야외에서 비행할 수 없다' 등의 규칙을 정했다. 하지만 이 제안은 어디까지나 자율적인 규제에 그쳐 애초에 규제의 존재 자체를 모르는 저널리스트나 드론 조종자가 있다고 해도 이상하지 않다. 앞으로는 만든 규칙을 어떻게 사람들에게 인식시킬지도 논의해야 한다.

과제 ⑦ : 데이터

네팔 대지진에서 드론 공중촬영의 현황을 조정했다는 이야기는 드론으로 모은 데이터를 어떻게 취급해야 하는지 고려해야 한다는 이야기로 연결된다.

　물론 평범하게 생각한다면 누군가가 카메라로 촬영한 영상은 촬영한 사람의 소유다. 하지만 피해지 등에서 수십 대의 드론이 몰려들어 마음대로 촬영하는 행위가 허가되지 않을 경우에는 휴머니타리안 UAV 네트워크가 그랬듯이 드론 활용자 사이에 비행시간을 조정하게 된다. 그럴 경우에 미디어가 하는 대표 취재와 마찬가지로 얻은 소재는 관계자 전원이 공유한다는 규칙이 정해질지도 모른다.

　혹은 재해 지역에서 드론이 피해자들이 거주했던 지역 위를 날고 있다면 피해자들이 촬영에 동의하는 대신 촬영 데이터를 공유한다는 계약을 맺는 방식도 생각할 수 있다. 실제로 네팔 지진 때 마음대로 날아다니는 드론에 대해 정부는 비판적인 태도를 보이는 한편, 지역의 경찰이나 소방서에서는 그들이 조사해야 하는 지역을 촬영하는 드론 소유자에게 협력을 요청하였다. 적어도 재해 현장에서만큼은 데이터를 공유한다는 발상이 기술적으로도 제도적으로도 빠른 시일 내에 정착될 것이다.

하늘을 안전하게 활용하기 위해 관제시설 같은 인프라는 세금으로 정비해야 할까? 또 일부 기업만 드론 이용에 참여한다면 그들이 얻은 데이터는 어느 정도까지 공유자산으로 취급되어야 할까? 지금도 미국과 유럽 정부를 중심으로 세금을 사용하여 수집한 데이터(항공기를 이용하여 측량한 지령 데이터 등)는 오픈데이터로써 공개하는 것이 주류가 되어가고 있다. 이러한 시도는 불필요한 드론 비행을 감소시킨다는 점에서는 바람직하다.

게다가 드론에서 얻은 데이터는 카메라나 센서 등으로 능동적으로 취득한 데이터만이 아니다. 어디서부터 어디까지 몇 시간 비행했는지 그때 기체가 어떻게 움직였는지에 대한 비행기록 데이터도 중요한 정보다. 비행기록 데이터를 공유하는 것만으로도 사회에 커다란 이익을 줄 수 있다.

드론은 아니지만 2011년 동일본대지진에서 자동차 회사가 자사 서비스를 통해 모은 프로브 자료(Probe data), 즉 자동차 차체에 내장된 센서에서 얻은 데이터가 큰 가치를 만들어낸 사례가 있었다. 혼다는 자사의 양방향 통신형 내비게이션 서비스 '인터내비'를 통해 회원 자동차의 주행 실적 데이터를 수집한다. 그것을 집약하여 지진 후에 '자동차가 통과한 길'을 추려내 웹의 지도 정보 사이트를 통해 공개했다. 그렇게 함으로

지진 후에 어떤 길을 통과하면 더 빨리 지원물자를 보낼 수 있는지 사전에 파악할 수 있었다.

앞에서 설명했듯이 아마존이 계획 중인 배송시스템에도 드론이 수집한 환경데이터를 다른 드론이 참조하여 배송 경로를 최적화하는 데 활용하자는 아이디어가 있었다. 제조업체나 서비스 사업자의 틀을 넘어서 비행 중인 드론의 정보를 폭넓게 집약하는 장치가 있다면(드론용 관제 시스템 등을 통해) 혼다가 인터내비로 실시한 방법을 사회 전체에서도 실현할 수 있다.

또 기체의 정비정보나 사고정보 등을 공유함으로 더욱 안전한 드론의 개발이 진행될 것이다. 드론이 수집한 데이터, 생산하는 데이터를 사회가 어떻게 취급할지 검토하여 규칙의 정비나 기술의 표준화 등을 진행하면 드론의 가치는 몇 배로 높아질 수도 있다.

자동차 없는 세계에 나타난 전기자동차

이 장의 앞부분에서 브루스 슈나이어의 이론을 소개했다. 그러나 그가 말했듯이 사회의 안전을 법률에만 의지한다면 의미가 없다. 물론 법률을 만드는 것도 중요하지만 법률은 경직되기 마련이어서 폐해가 커져도 계속 남아 있을 우려가 있다. 지금 많은 업계 관계자가 제안하는 자주적인 지침이나 운용 규칙 등은 구속력은 없지만 환경변화에 따라 유연하게 바꿀 수 있다. 그리고 기술적인 시스템은 다양한 규칙의 실효성을 높일 수 있다. 다양한 요소를 구사하여 현 상황에 맞는 규제를 만

드는 것이 바람직하다.

일본 정부가 2015년 6월에 발표한 '소형무인기의 안전한 운항 확보를 위한 규제의 골자'에서 '소형무인기에 관해서는 앞으로 기술개발이나 소형무인기를 이용하는 사업의 발전이 크게 기대되므로 제도를 설계할 때는 여러 가지 사항을 고려하여 유연하게 대응할 수 있도록 검토하며 진행한다'는 문구가 첨부되어 전체적으로 산업 이용의 가치를 인정하는 분위기다. 계속 진화하고 있는 기술에 규제를 만드는 일은 무척 어려운 작업이지만 이 골자에 부응한 제도가 설계되기를 기대한다.

그렇다고 드론의 안전성을 유지하는 규칙을 만드는 데에 적당하게 타협을 해서도 안 된다. 현재 드론을 둘러싼 상황은 '자동차가 없는 세계에 돌연 전기자동차가 나타난 상황'으로 표현할 수 있다. 전기자동차는 구조가 비교적 단순하고 부품화가 진행되어 어느 정도 기술력이 있다면 누구든지 만들 수 있다(실제로 중국에 많은 제조업체가 생겼다). 누구든지 만들 수 있는데 자칫하면 사람의 목숨을 위협할 정도의 위력이 있다. 그런데 전기 자동차 세계에 신호기도 없고 자동차 전용 레일도 없으며 운전기술이나 안전을 위한 규칙을 가르쳐주는 교습소도 없다(애초에 교통 규제라는 것이 존재하지 않는다)고 상상해보라.

'얼마간의 규제는 어쩔 수 없다'는 여론이 형성되고 있지만, 안전을 유지하려면 교통 법규의 책정에서부터 신호기 등의 시설, '도로교통정보센터'와 같은 관제 시스템의 확립 등 사회에서 막대한 투자를 해야 한다. 누군가가 앞장서서 이러한 장대한 투자를 계획적으로 진행해야 하는데 국가나 기업, 사용자의 주장이 뒤얽혀서 좀처럼 진전이 없다. 그런 가운에서도 기술은 점점 발전해서 더더욱 규제가 뒤처지게 되는 상황이다.

브루스 슈나이어는 사회에서 신뢰감을 유지하기 위한 사회적 압력으로 도덕적 압력·평가 압력·제도적 압력·보안 시스템, 네 가지가 있다고 정리했다. 이 가운데 보안 시스템은 다른 세 가지를 보완하는 역할을 한다고 기술되어 있지만 기술이 가속도로 진화하는 시대에는 보안 시스템이야말로 사회 질서유지의 열쇠를 쥐고 있을지도 모른다. 남은 세 가지가 형성되는 속도가 너무 늦기 때문이다.

이런 경우에는 기존에 일어난 유사 사례에 연연하지 않도록 주의해야한다. 이 책에서 드론을 자동차와 몇 번이나 비교했지만, 자동차에 관한 지금의 안전유지 규정은 결코 아주 적합하다고는 할 수 없다.

고마쓰의 ICT 건설기계는 건설기계의 일거수일투족을 기록하여 고마쓰 센터에서 관리한다. 똑같은 장치를 자동차에 도입한다면 더욱 안전성이 높아질 것은 확실하다. 하지만 이미 수천만 대가 보급된 자동차에 이런 막대한 투자는 할 수 없다(단 전기자동차의 세계에서는 테슬라와 같이 자사 자동차의 막대한 데이터를 기록하여 안전유지나 제품개발에 반영하려는 제조업체가 나왔다). 하지만 지금부터 산업 활용이 본격화되는 드론이라면 처음부터 ICT 건설기계와 같은 장치를 도입하는 규제를 만들 수 있을지도 모른다. 이런 사고방식이 현재나 몇 년 후에 실용화될 기술을 바탕으로 자동차나 여객기를 능가하는 안전한 보안 시스템을 구축하는 데에 도움을 줄 수 있을 것이다.

드론 업계의 핵심인물에게 묻는다

고노 마사카즈(河野雅一)
주식회사 프로드론 대표이사 사장

1989년 영상·음향 시스템을 판매하는 주식회사 시스템파이브(System5)를 설립. 2014년 11월에 시스템파이브의 사업부로 프로드론을 설립하여 2015년 1월에 독립 법인화하였다. 시스템파이브 대표, 프로드론의 대표이사 사장, 또 프로 영상업인 뉴스미디어 프로뉴스의 대표이사 사장을 맡고 있다.

규제가 적절하게 이루어지면 시장의 확대를 기대할 수 있다

Q : 프로드론은 '산업용 드론 전문 제조업체'를 표방하고 있습니다만 설립 경위를 들려주시기 바랍니다.

고노: 2014년 11월에 대표를 맡고 있던 주식회사 시스템파이브(영상·음향 시스템 판매)와 스가키 기요카즈(菅木紀代一)가 대표를 맡은 주식회사 케이앤드에스(멀티콥터를 비롯한 RC 헬리콥터의 연구개발)가 업무 제휴하여 시스템파이브 내에 프로드론 사업부를 설립하고 산업용 드론 시장에 뛰어들었습니다. 그리고 다음 해인 2015년 1월에 이치하라 가즈오(市原和雄)가 대표로 있는 주식회사 Net&Logic(소프트웨어 개발)이 합류하여 세 회사가 합병하고 프로드론 사업부를 독립 법인화한 것이 지금의 회사입니다.

독립 법인화를 서두른 이유는 해외 여러 나라의 드론을 살펴본 결과

일본이 상당히 뒤처졌다는 위기감을 가지게 된 점과 또 산업용 드론 전문 제조업체로써 적극적으로 연구개발 하는 기업이 일본에 너무 적다고 생각한 점을 들 수 있습니다. 그리고 국내에서도 드론에 관한 법정비가 구체적으로 거론되기 시작했다는 점도 이유 중 하나입니다. 법규제라고 하면 흔히 부정적으로 생각하는 사람도 있지만 산업용 드론 시장에 뛰어든 경영자의 시점에서 보았을 때는 지금까지와 같이 아무런 규제가 없는 편이 오히려 비즈니스를 추진하기 어렵습니다. 드론에 대한 적절한 법규제는 올바른 시장 형성이 시작되는 신호이자 각 기업의 경영자가 드론 비즈니스에 맘 놓고 투자할 수 있는 계기라고 생각합니다.

케이앤드에스 대표 스가키는 45년 전 일본에 RC헬리콥터가 도입되기 시작했을 무렵부터 설계에 참여했던 사람입니다. 무선조종 헬리콥터를 백지 상태부터 설계할 수 있는 사람은 세계에서도 손꼽을 정도밖에 없다고 하는데 그중 한 사람이 스가키입니다. 천재적인 재능을 가진 사람으로 다른 엔지니어라면 1개월이 걸리는 설계도 불과 며칠이면 모두 마칩니다. 스가키는 단순히 설계 도면을 완성할 뿐만 아니라 설계가 끝난 다음 날이면 기체를 완성해 책상 위에 놓기까지 합니다. 스가키는 앞으로 일본의 산업용 드론 업계에 상당히 큰 공헌을 할 인물이라고 생각합니다. 또 그는 현재 산업용 드론 업계에서 저명한 치바대학 노나미 교수가 이끄는 자율제어시스템 연구소의 고문도 맡고 있습니다.

Q: 앞으로 프로드론이 지향하는 바는 무엇입니까?

고노: 프로드론의 경영 이념은 '사회에 없어서는 안 되는 회사가 되는

것', '프로드론의 제품, 서비스를 통해 전 세계 사람이 일상생활에 산업용 드론을 자연스럽게 받아들이도록 드론과 공존할 수 있는 안전하고 쾌적한 환경을 만드는 것' 두 가지입니다. 또 우리는 세계 산업용 드론 시장에서 경쟁력 있는 일본 회사가 되고 싶습니다. 그러기 위해서는 혁명적인 드론 기체나 혁명적인 드론 시스템을 개발해야 합니다. 그 의지를 명확히 하기 위해서 프로드론은 'Revolutionary Drones for Professionals'이라는 말을 표방합니다. 'Innovative(혁신적)'가 아니고 일부러 'Revolutionary(혁명적)'라는 단어를 사용하여 혁신이 아닌 혁명적인 제품을 만들고자 하는 마음가짐을 솔직히 표현하고 싶었습니다.

Q : 구체적으로 어떤 연구 개발을 진행 중입니까?

고노: 앞으로 산업용 드론 전문 연구소인 '프로드론 라보'(PRODRONE LABO)를 세울 예정입니다. 스가키가 중심이 되어 국내외에서 인재를 모으고 대형 제조업체 연구원과 하나가 되어 고차원 산업용 드론을 전문적으로 개발할 것입니다.

그리고 큰 틀로는 아이치 현 내에 '드론 밸리'라는 산업용 드론 합동 연구 개발의 거점을 설립할 계획입니다. 프로드론과 함께 혁명적인 드론을 만들어낼 의욕 있는 드론 벤처를 국내외에서 모아 공동으로 산업용 드론을 연구하고 개발해 나갈 예정입니다. 이 드론 밸리의 핵심적인 역할을 프로드론 라보가 맡습니다.

'드론 밸리'에는 연구동에 부속된 전면 그물로 둘러싸인 커다란 전용 비행장을 설치할 예정입니다. 여기서 365일 24시간 자유롭고 안전한

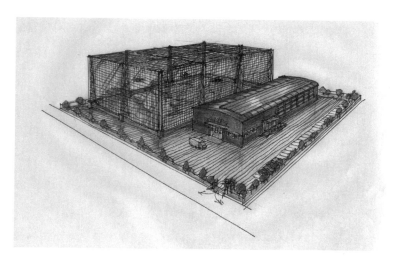

산업용 드론의 합동 연구개발 거점 '드론밸리'의 완공 예상도 제공: 프로드론

드론 시험비행이 가능합니다. 또 연구동의 실외에도 시험비행이 가능한 공간을 설치하려 합니다. 게다가 연구 개발자가 장기간 머무르면서 연구에 몰두할 수 있도록 편의시설도 충분히 준비할 예정입니다.

'드론 밸리'는 연구 테마로서 이미 상당히 많은 주제를 준비했습니다. 테마의 일부를 소개하자면 드론의 추락 요인을 해명하고 그것을 바탕으로 '추락하지 않는 드론' 개발, 드론용 트랜스포터나 항공교통관제 시스템, 드론을 이용한 공격행위로부터의 방어, 드론끼리의 통신 고차암호화, 일반고속 모바일 회선을 사용한 드론 제어 등등입니다. 이러한 테마를 통해 어느 회사보다도 깊이 있게 산업용 드론을 연구개발하려고 합니다.

Q : 연구개발에 그렇게까지 투자하면 제조업체로서는 비용이 높아지지 않을까요?

고노: 산업용 드론은 취미용 드론과 달라서 수십 킬로그램이나 되는 기체가 하늘을 날기 때문에 당연히 안전성을 추구해야 합니다. 또 최대 적재량도 크기 때문에 기체가 다양한 범죄에 사용될 가능성이 얼마든지 있습니다. 그런 의미로 기체단위의 안전대책뿐만이 아니고 드론용 항공교통관제시스템 구축을 시작하기에도 지금이 적기라고 생각합니다. 관제시스템에 관해서는 이미 우리도 연구 중이고 다른 대형 제조업체도 적극적으로 연구를 진행하고 있다고 들었습니다. 하지만 관제 시스템이란 장치는 프로드론이나 일부 제조업체만 대응해서는 의미가 없고 필요한 제도설치를 포함하여 국가 단위로 시행되어야 합니다. 조금 더 덧붙인다면 세계 공통의 시스템이 구축되지 않으면 의미가 없습니다. 앞으로 트랜스포터나 중간제어장치의 탑재를 의무화한다는 이야기도 당연히 나오겠지요. 이러한 시스템도 해외에서는 한발 앞서 일본에 판매를 제의했지만, 일본에서는 이제 막 논의가 시작되는 단계입니다.

Q : 2015년 7월 4일에 DJI와 산업용 드론의 연구개발로 포괄적 업무제휴를 맺는다고 발표했습니다.

고노: DJI가 프로드론이 가진 산업용 드론 분야의 연구개발 능력을 상당히 높이 평가하여 어느 회사보다 빨리 '함께 하자'는 이야기를 건네주었습니다. DJI JAPAN의 우타오 사장은 공식 기자회견 중에 '프로드론은 일본에서 최고의 기술을 가진 드론 제조회사입니다. 틀림없이 이번

업무제휴로 새로운 가치를 창출할 것입니다'라고 언급했습니다. 프로드
론으로서도 상당히 고무적인 일입니다. 앞으로 두 회사가 협력하여 산
업용 드론 분야에서 다양한 시도를 해나가려 합니다.

CHAPTER 06

드론,
일상을 바꾸다

THE SINGULAR
IMPACT OF
DRONE BUSINESS

하늘을 나는 페이스메이커와 조깅을

운동이 부족할 때 가장 손쉽게 선택하는 종목이 조깅이다. 복장이나 휴게시설 등 관련 비즈니스도 발달했다. 그런데 손쉽게 시작할 수는 있지만 마냥 묵묵히 달리기에는 좀 심심하다. JTB가 2012년에 발표한 앙케이트 결과에 의하면 지금 조깅을 정기적으로 하지 않고 있지만 '기회가 된다면 하겠다'고 생각하는 사람 중에 11%가 '함께 뛸 사람'이 있다면 시작해보고 싶다고 답했다.

하지만 자신의 시간에 맞추어 함께 뛰어줄 사람을 찾기는 좀처럼 어렵다. 그렇다면 로봇에게 페이스메이커를 부탁하면 어떨까?

호주의 로열멜버른 공과대학의 연구 프로젝트 '이그져션 게임스랩'(Exertion Games Lab)에서 개발한 것이 함께 뛰어주는 로봇 '조고봇'

(Joggobot)이다. 그렇다고 해서 아톰과 같이 인간을 닮은 로봇은 아니다. 기체의 베이스가 된 로봇은 패럿 사가 판매하는 소형 드론이다. 거기에 특별히 개발한 소프트웨어를 깔아 조깅하는 사람에 앞서 날아가는 로봇을 만들었다.

이 드론을 이용하려면 전용 티셔츠를 착용해야 한다. 티셔츠에 그림이 그려져 있어서 드론이 이끄는 대상인 주자를 그림으로 인식한다. 드론이 그림을 인식하여 전방 3m의 위치를 자동으로 비행한다. 주자는 그 뒤를 일정한 페이스로 계속해서 쫓아 뛰는 방식이다. 그림을 놓치면 드론은 그 장소에 착륙하여 주자가 쫓아올 때까지 기다린다. 주자의 페이스로 함께 뛰어주는 '컴패니언모드'와 빠른 페이스로 주자를 이끌어주는 '코치모드'의 두 종류가 있어 목적에 맞게 사용할 수 있다. 아쉽게도 배터리 때문에 나는 시간은 20분 정도가 한계지만 기술이 발전하면 '하늘을 나는 페이스메이커'라 불리는 존재가 될 것이다.

지금까지 설명했듯이 다양한 사용법이 고안되고 있는 드론이지만 드론 사용의 궁극적인 목표는 하늘을 나는 로봇이다. 사람이 전혀 조종하지 않고도 맡은 임무를 완수하고 비행하는 특수한 능력을 살려서 사람을 도와주는 존재다. 어려운 점은 많지만 그만큼 장점도 많기에 많은 관계자가 연구에 몰두하고 있다.

실제로 드론은 로봇의 입문편으로 다루기 쉬운 분야다. 비행제어가 어렵지만 그것만 해결된다면 공중에서는 지상에서와 같은 장해물이 없다. 지상을 움직이는 로봇을 다룰 때 얕은 턱 하나가 커다란 장해물이 되는 데에 비하면 드론은 본래의 목적을 달성하는 데 전념할 수 있다.

드론을 플랫폼으로 로봇을 연구하는 연구자가 늘어나면 늘어날수록 '하늘을 나는 로봇으로서의 드론'은 빠른 시일 내에 완성될 것이다. 그것은 도대체 어떤 존재가 될까? 또 드론이 로봇으로 진화하여 새로운 용도로 개발되거나 사회에 널리 보급된다면 새로운 과제가 생겨날 가능성이 있다. 언뜻 보기에는 이익이 될 것 같은 발전이라도 개인에게는 생각지도 않은 문제를 끼치기도 한다. 우리는 어떤 점에 주의하여 드론의 고도화와 보급에 참여해야 할까?

단조롭지만 모두가 꺼리는 위험한 일

2015년 3월, 마이크로소프트 리서치 연구자가 그라나다의 세인트조지 대학과 협력해 정글에서 모기를 채집했다. 그렇다고 곤충을 연구할 목적은 아니었다. 구하고자 한 것은 모기가 빨아들인 동물의 혈액, 그리고 그 혈액에 있는 미지의 병원균이었다.

에볼라 바이러스나 조류 인플루엔자, 2002~2003년의 사스(SARS, 중증급성호흡기증후군), 그리고 최근 한국에서 유행한 메르스(MERS, 중동호흡기증후군) 등 새로운 병원체가 불러일으키는 감염병인 '신흥감염병'은 국제 사회 뒤흔들 정도로 위험한 존재다. 조기에 효과적인 대처방법을 확립해야 하지만 이런 신흥감염병의 대부분이 정글 등 미개발 지역에서 인간 이외의 생물에 숙주하던 병원체가 어떤 계기로 사람과 접촉함으로써 발병한다. 따라서 인플루엔자에서 했던 방법과 같이 숙주가 되는 생물(닭이나 돼지 등)로부터 검체를 채취하여 병원체를 확인하기는 어렵다.

그래서 마이크로소프트 리서치는 생물의 피를 빠는 모기에 주목했다. 모기의 체내에 있는 피를 채취한다면 숙주에서 간접적으로 검체를 얻게 된다. 모기를 자연계에 있는 초소형 센서로 이용하는 것이다.

문제는 모기는 그렇게 멀리까지 날지 못해서(그렇기에 미개발 지역에 잠자는 병원체가 인간사회로 나올 기회가 드물다) 잡으려면 정글 깊숙이 들어가야만 한다는 점이다. 하지만 그러다가는 조사원이 감염병에 걸릴 위험이 있다. 그래서 마이크로소프트 리서치는 드론을 이용하여 모기를 잡는 방법을 검토했다. 실은 그라나다에서 실시한 것도 드론을 이용하여 자율적으로 채집하는 시스템을 구축하는 기반이 되는 데이터 수집이다.

먼저 마이크로소프트 리서치는 모기를 효율적으로 잡을 수 있고 모기 이외의 곤충은 포획되어도 밖으로 방출하는 고도의 채집기를 개발했다. 그리고 채집기를 지정된 지점에 설치하고 일정 시간 후에 회수하러 가는 작업을 하는 드론을 개발했다. 이렇게 한다면 위험 부담 없이 많은 장소에서 검체를 채집할 수 있다. 또 정기적인 모니터링도 가능하여 시계열에 따른 병원체의 확산 상황과 이를 바탕으로 대유행의 위험 등을 산정할 수도 있다. 실제로 연구자들은 최종적으로 이 시스템을 세계 규모로 확대하려고 계획하고 있다. 그렇게 된다면 지금까지는 감염자가 나와야지만 움직일 수 있었던 신흥감염병에 관한 대처를 동물을 숙주로 삼고 있는 단계에서 미리 봉쇄할 수 있을지 모른다.

단 그러기 위해서는 상당히 고도의 판단력을 갖춘 드론을 만들어낼 필요가 있다. 밀림이나 숲속과 같이 장해물이 많은 장소를 원활하게 비행할 수 있는 드론은 아직 연구 단계다. 게다가 정글이라면 추락하지 않고 돌아오기 몹시 어려운 일이기도 하다. 또 예전에 장대를 든 침팬지나 강력한 펀치력을 가진 캥거루가 드론을 추락시키는 영상이 인터넷에서 화제가 되었듯이 야생생물에 공격당할 가능성도 있다. 게다가 안전하게 목표지점까지 갔다가 돌아올 수 있다고 해도 적절한 포인트에 채집기를 두고 그것을 정확하게 회수할 수 있어야 한다. 크록스의 이벤트에서는 스니커를 잡지 못하고 빈손으로 귀환하는 드론에도 따뜻한 박수를 보냈지만 전염병 방지를 위해 시행하는 프로젝트에서 그런 반응을 기대할 수는 없다.

마이크로소프트 리서치에서는 이러한 어려운 임무를 완수해낼 자율형 드론을 개발하기 위해 기계학습이나 머신비전(영상 분석에 의한 주변 환경의 파악)의 기술을 응용하려고 한다. 최적의 비행경로를 계산하여 주변이 위험하지 않은지 판단하여 최종적으로 채집기의 설치 장소를 '보고' 판단한다.

마이크로소프트는 비디오게임용 입력장치로 고도의 화상인식기술을 갖춘 '키넥트'(Kinect)를 개발하는 등 이 분야에서 뛰어난 기술력을 보유하고 있다. 또 인공지능 연구에도 노력을 기울이고 있어 2014년에는 딥러닝(Deep Learning) 기술을 이용하여 실시간 번역이 가능한 고도의 기계 '스카이프 트랜스레이터'를 발표하여 세계를 놀라게 했다. 고도의 판단능력을 갖춘 드론의 탄생도 그리 먼 미래가 아니다.

완전히 자율적으로 움직일 수 있는 드론에 대한 가장 기대되는 영역 중 하나가 사람이 갈 수 없는 장소나 사람에게는 위험한 장소에서 반복해야 하는 작업이다. 3D(Dull, Dirty, Dangerous), 간단하게 말해 더럽고 위험한 환경, 즉 정글 같은 곳에서 위험한 병원체를 보유한 모기를 채집하는 일이 바로 그런 작업이다.

대부분의 경우 3D는 사람이 하는 일에 대한 표현이기 때문에 모기에게 물릴 리가 없는 드론에게는 어려운 일도 아니지만 때에 따라서 드론에게도 위험한 장소가 있다.

미국의 이그젝트센서(Exactsens)가 개발 중인 드론에 부여한 미션은 1,000마일(약 160km)이나 쉬지 않고 송전선을 점검하는 일이다. 당연히 오퍼레이터에 의한 조종이나 지원 없이 하는 작업이다.

이 작업은 원래 사람이 헬리콥터에 타서 눈으로 보고 확인해왔다. 3장에서 소개한 BP가 알래스카의 유전에서 시행하는 점검 작업에 가깝지만 송전선 점검은 몇 배 위험도가 높다. 고압 전류가 흐르는 전선 가까이 다가가서 이상이 있는지 점검해야 하기 때문이다. 사람이 하기에는 위험한 작업이기에 드론에 기대를 걸지만 드론에게도 고압 전류는 위험하다. 또 잘못해서 충돌한다면 드론만 망가지는 것이 아니고 정전의 원인이 될 수도 있다.

이그젝트센스가 도입한 해결책은 구글의 로봇카(자동자동차)에도 채택한 기술 '라이더'(LIDAR)다. 라이더는 전파 대신 빛을 이용한 레이더로 주위의 환경을 아주 정확하게 측정할 수 있다. 그렇게 해서 얻은 데이터로 그 자리에서 3차원 맵을 작성하여 자신 가까이에 무엇이 있는지 파악한다.

이그젝트센스가 공개한 데모 영상에서는 위험한 송전선이 여러 개 존재하는 가운데도 무난하게 빠져나가는 드론의 모습이 찍혀 있다. 어디까지나 홍보를 위한 영상에 지나지 않으나 그들이 지향하는 수준까지 도달하는 드론이 나타난다면 응용 분야는 훨씬 넓어질 것이다.

로봇카의 경우처럼 반대편에 오는 차나 통행인 등 수많은 장해물이 있는 장소에서도 정확하게 회피하여 이동할 수 있게만 된다면 그야말로 시내에서도 드론 배송이 가능해진다(실제로 이그젝트센스에서는 드론 배송을 유망한 용도로 기대하고 있다). 또 재해 지역에서 피해 직후 장해물이 정리되지 않아 언제 건물이 무너지거나 산사태가 일어날지 모르는 상황에서 투입해도 문제가 발생하지 않는(즉 드론이 충돌하지 않을 뿐 아니라 무너진 잔해 아래에 있는 생존자에게 상처를 입히지 않는) 드론으로도 활용할 수 있을지 모른다. '정밀한 작업이 요구되기 때문에 드론을 이용하지 않는다'가 아니고 '정밀한 작업이 요구되기 때문에 드론을 이용한다'는 정반대 발상까지 나아갈 수 있는 것이다.

사람은 흉내 낼 수 없는 작업

고도의 자율성능을 가지고 어떤 환경에서도 정확하게 작업을 반복할 수 있는 '하늘을 나는 로봇'으로서의 드론은 사람이 할 수 없는 작업도 해낸다.

일본 JAXA(우주항공연구개발기구)가 개발 중인 고고도체공형(高高度滯空型) 무인항공기 시스템도 이런 예다. 이 시스템에 사용되는 드론은 고도 16~18km를 나는 유인비행기보다도 높은 고도를 자율비행할 뿐 아니라 72시간 이상 체공하면서 기상상황이나 지표의 상태를 관측한다고 상정하고 있다. 고도 15km를 넘으면 악천후의 영향이 미치지 않는 곳이 많으므로 기상상황에 신경 쓰지 않고 비행과 관측을 계속할 수가 있고 위성보다 낮은 위치에 있기에 항공기로 하는 관측과 위성으로 하는 관측 사이를 메우는 장치로 기대하고 있다.

이런 시스템을 이용하여 기상조건을 신경 쓰지 않고 자연재해를 계속해서 감시할 수가 있다. 재해뿐만 아니라 바다 위를 광범위하게 감시하여 수상한 배나 불법조업 어선 등을 발견하는 데에 이용하는 방법도 기대한다. 또 통신기기를 탑재하여 재해 시에는 임시기지국으로 사용해 피해지에 무선통신 서비스를 제공할 수도 있다.

그리고 이런 특수한 드론을 2대 이상 준비하여 교대로 운용하면 일본의 배타적경제수역에서 365일 24시간 연속으로 운영할 수 있다고 JAXA는 기대한다. 지상에서 기상의 영향을 고려하여 지리적으로 떨어진 공항에 몇 대 배치하면 기후의 영향을 받지 않고 항상 감시할 수 있다. 3일 정도 착륙하지 않고 날아다니는 비행기에 사람을 태우고 언제 일어날지 모르는 재해에 대비하여 감시하는 일은 불가능하다. 하지만 자동 조종되는 드론이라면 쉬지 않고 재해에 대비할 수 있다. 그렇게 된다면 종래에는 재해가 발생한 후부터 착수했던 현장의 측량을 피해 전부터 시행하는 것이다. 피해가 일어나기 직전의 상황과 직후의 상황을 비교할 수도 있다. 그리고 모은 정보를 바탕으로 더욱 효과적이고 신속한 구출작업이나 복구 작업이 가능해질 것이다. 일본 전역을 항상 관측하고 있다면 다양하고 새로운 재해대책을 시도할 수 있을 것이다.

3D 로보틱스를 창업한 크리스 앤더슨이 예전에 편집장을 맡았던 미

국 『와이어드』지에 기고한 기사에 흥미로운 이야기가 소개되었다. 미국 대형 물류 업체 페덱스는 자사에서 도입한 화물 운송기를 드론화하는 연구를 진행하고 있다고 한다. 이 책에서 소개한 소형 쿼드콥터가 아닌 조금 전에 소개한 JAXA가 연구한 여객기에 가까운 대형 비행기다. 이런 '드론 화물 운송기'를 이용하면 운송 업무를 한층 자동화할 수 있다.

하지만 이것은 단순한 자동화에 그치지 않는다. 애초에 현재 사용하고 있는 화물 운송기는 사람이 타고 있다는 전제하에 만든 디자인이다. 하지만 무인을 전제로 하면 객실의 가압 등 사람을 태우는 데 필요했던 장치나 디자인이 필요 없어진다. 효율성만 생각해서 기체를 재설계한다면 지금보다 훨씬 적은 연료로 나는 비행기를 개발할 수 있다.

비행하는 형상도 달라질 것이다. 철새 무리같이 V자형으로 편대를 짜서 비행한다면 발생하는 슬립스트림(Slip Stream: 비행하는 항공기 뒤에 발생하는 공기류)을 이용하여 더 효율적으로 비행할 수 있다. 모두 기계가 조종하니 정확한 대형을 유지하면서 몇 시간을 날 수 있다. 이렇듯 효율화가 실현된다면 현재 선박운임과 비교해 10배 정도 비싼 항공운임을 2배까지 줄일 수 있다고 페덱스는 예측한다.

전자동으로 운용되는 드론 화물기의 힘을 이용하여 항공편을 지금의 5분의 1이라는 저렴한 가격으로 이용할 수 있게 된다면 물류 세계에 큰 변화가 일어날 것이다. 더 많은 상품을 짧은 시간에 주고받을 수 있으니 글로벌화도 한층 가속될 것이다.

로봇을 뒷받침하는 기술

고도로 발달한 자율형 드론은 어디까지 실현 가능할까? 열쇠는 기계학습과 클라우드로의 접속이다.

컴퓨터에 대량의 참고 데이터를 입력하고 컴퓨터에 '학습'을 시킨다는 기계학습의 접근은 대량 데이터를 수집·축적·분석하는 일을 손쉽게 만든 '빅데이터' 기술의 보급과 함께 일반화되었다. 적절한 설계가 바탕된다면 기계학습은 데이터가 늘어나면 늘어날수록 처리의 정밀도를 높일 수 있다. 그러한 빅데이터를 누구나 취급할 수 있게 되었기에 기계학습의 실용성도 높아졌다.

특히 최근 주목받는 기술은 딥러닝이다. 종래의 기계학습에서는 기계가 학습한다고 해도 부과한 데이터의 어디에 주목해야 하는지 알려주는 포인트인 '특징값'을 어느 정도 지정할 필요가 있었다. 어떤 사원이 유능한지 아닌지 판단 결과를 수식화하기 위해서 방대한 데이터 가운에 지각한 횟수에 주목한다는 식이다. 그것만으로 잘 파악할 수 없으면 다음에는 송수신한 메일의 횟수, 그래도 안 되면 출근시간 등으로 결국 사람이 방침을 제시해야 했다. 하지만 딥러닝은 부여한 데이터 속에서 기계가 스스로 '특징값'을 추출할 수 있다.

구글이 발표해서 관심을 모았던 연구 중 영상에서 고양이를 인식하는 시스템이 있다. 이 연구에서는 '고양이는 귀가 솟았다', '꼬리가 길다', '부드러운 체모로 덮여 있다' 등의 특징을 달리 컴퓨터에 지정하지 않았다. 애초에 이러한 특징은 '고양이'라는 개념을 무리하게 언어

화한 것일 뿐이고(지금 말한 조건에 합치하지 않는 고양이도 존재한다) 사전에 특징값을 부여한다는 접근은 한계가 있다. 이때 딥러닝 기술로 사전에 특징값을 알려주지 않고 영상에서 고양이를 인식하는 시스템을 만들어내는 데 성공했다.

구글은 이 연구를 성공시켜 말 그대로 사람과 비슷한 지능을 가진 인공지능을 만들었다는 평가를 받았다. 인공지능학회의 논리위원회장인 도쿄 대학 준교수 마쓰오 유타카(松尾豊)는 딥러닝을 '인공지능 연구에서 50년 만에 찾아온 돌파구'라 평가하고 인공지능 발전이 새로운 단계로 접어들었다고 언급했다. 실제로 구글이나 페이스북, 그리고 중국의 바이두 등 유력한 ICT 기업이 빠짐없이 딥러닝 기술에 주목하고 있어 관련 분야를 연구하는 연구원을 둘러싸고 스카우트 전쟁을 벌이기도 했다.

이렇게 급속하게 발전하는 기계학습의 힘에 의해 드론의 자동제어나 자동조종 성능도 비약적으로 향상될 것으로 생각한다. 실제로 미국 보스턴에 거점을 둔 뉴라라(neurala)는 딥러닝을 활용한 고도의 화상인식이 가능한 소프트웨어를 개발하여 로봇이나 드론에 탑재 가능한 엔진으로 제공하고 있다. 공개된 데모 영상에서는 추적하는 상대를 화면에서 한 번 지정하는 것만으로도 나중에는 자동으로 그 인물의 뒤를 계속 추적하는 드론의 모습을 소개했다. 학습은 현실 세계에서 일어나는 일을 바탕으로 실시간으로 진행되기 때문에 환경에 따라 적절한 대응이 이루어진다고 한다.

그리고 이 기계학습을 보완하는 요소가 드론과 클라우드와의 접속이다. 이미 비행기록 일지의 수집이나 새로운 애플리케이션을 추가하기 위해서 드론과 클라우드를 연결하는 것은 당연한 과정이 되었다. 하지만 기계학습의 응용은 거기에 새로운 가능성을 추가한다.

앞서 말했듯이 부여된 데이터가 많을수록 정밀도가 높은 기계학습이 가능하다. 따라서 드론이나 로봇이 클라우드에 접속하여 각각의 기체가 수집한 데이터를 공유하게 되면 학습의 속도와 질을 높일 수 있다.

이것은 실제로 소프트뱅크 로보틱스가 개발한 인형 로봇 '페퍼'에서 실현하고 있는 방식이다. 페퍼는 커뮤니케이션용 로봇으로 사람의 말을 해석하여 반응한다. 페퍼는 네트워크에 접속하여 상대의 음성이나 표정 같은 데이터를 클라우드에 송신한다. 클라우드에 준비된 인공지능이 복잡한 데이터를 처리한 다음 반응을 추려내 페퍼 본체에 지시한다. 지시를 받은 페퍼는 지시대로 말하고 다음 반응을 기다린다. 클라우드 측에 집약된 분석된 데이터는 페퍼 전체의 기능개선에 도움을 주는 동시에 각각의 페퍼(단말기)를 이용자의 취향이나 성격에 맞추도록 사용된다.

2장에서 설명한 아마존의 드론 배송도 아마존이 보유한 많은 드론이 서로 정보를 공유하여 그것을 바탕으로 배송 경로를 결정하는 구조다. 여기서 기계학습이나 딥러닝이 어디까지 응용되고 드론의 비행 알고리즘의 향상에 도움을 줄지는 알 수가 없다. 하지만 각각의 드론이 가진 데이터를 종합하여 이용하는 것만으로도 클라우드 접속이 새로운 가치를 생산한다고 말할 수 있다. 이 구조에 대해 구글 회장 에릭 슈미트는 "아마존은 드론 배송을 금지해야 한다"라는 의외의 반응을 보였다. 이유 중 하나가 "드론이 비행하는 지역 주민의 프라이버시를 침해할 수 있다"라는 점이다.

어떤 기술로 드론 배송이 실현되는지에 따라 달라지는 이야기지만 주위를 영상으로 기록하여 상황을 인식하는 드론의 경우 부득이하게 통과한 경로에 있는 모든 경치를 기록하게 된다. 그중에는 길을 가다가 우연히 찍히는 사람도 있다. 이와 같은 문제를 일으킨 '스트리트뷰' 기능을 실현한 것은 구글이고 그 구글의 회장이 문제를 제기했다는 사실은 왠지 아이러니하지만 그렇기에 이 문제에 더 신중한지도 모른다.

어쨌든 프라이버시를 보호하기 위해 '야외를 비행하는 드론은 필요한 최소한의 데이터만 수집해야 한다' 혹은 '클라우드에 집약해서는 안 된다'는 규칙이 부과된다면 클라우드를 통한 정보공유의 효과는 반감된다. 데이터를 모아 공유하는 범위가 어디까지 허락되느냐에 따라 드론의 발전 속도는 크게 달라질 것이다.

로봇 정책에 힘을 싣는 일본 정부

좀 빨라지든 느려지든 시간의 문제일 뿐 사람과 비슷한 정도의 판단력을 가진 로봇의 등장이 머지않아 현실이 된다는 사실은 부정할 수 없다. 문제는 그것을 누가 이루어내느냐 하는 점이다. 앞서 말했듯이 구글이나 페이스북 그리고 아마존이라는 거대한 힘을 가진 해외 기업이 드론과 로봇 그리고 인공지능의 연구에 본격적으로 뛰어들었다. 일본 기업은 그 회사들에 대항하여 다가오는 로봇 사회 가운데에서 존재감을 유지할 수 있을까?

일본 정부는 이러한 흐름에 대하여 로봇을 차세대산업으로 육성한다는 방침을 발표했다.

일본 정부는 2014년 6월 '일본재흥전략' 개정판에서 이노베이션의 추진과 사회적 과제해결을 목적으로 한 '로봇혁명'을 일으킨다고 선언하였다. 그리고 구체적으로 '기술개발이나 규제 완화에 2020년까지 로봇 시장을 제조 분야에서 현재의 2배, 서비스 등 비제조 분야는 20배로 확대한다'는 구체적인 목표를 표명하고 목표를 달성하기 위한 전략을 책정하는 '로봇혁명실현회의'를 설립하라고 지시했다.

지시를 받은 경제산업성이 '로봇혁명실현회의'를 설치하고 검토한 결과 2015년 1월에 '로봇 신전략'을 발표하였다. 그리고 2020년까지 5년간 규제개혁을 포함한 환경을 정비하고 민간투자를 확대하여 1,000억 엔(약 9,400억 원) 정도의 로봇 프로젝트 추진하겠다고 선언했다.

이 신전략에서는 로봇혁명에서 목표하는 3가지 골자로 ① 세계의 로봇 이노베이션 거점, ② 세계 제일의 로봇 이용, 활용 사업, ③ 세계를 선도하는 로봇 신세대를 위한 전략, 이라는 방침을 내걸었다. 세 번째 방침에서 특히 '로봇이 상호 접속한 데이터를 자율적으로 축적·활용하는 것을 전제한 비즈니스를 추진하기 위한 규칙이나 국제표준을 마련할 필요가 있다'고 언급했다. 페퍼나 아마존의 드론 같은 존재가 세계를 선도하는 로봇의 모습이라고 인식하고 있다.

인공지능도 앞으로 개발해야 할 중요한 기술요소 중 하나로 포함했다. 구체적으로 '딥러닝 활용을 포함한 인공지능기술(영상·음성인식, 기계학습)의 비약적인 발전에 동반하여 로봇의 지능이 한층 더 향상되리라 기대한다'는 문구에서 그 중요성을 인정하고 있다. 앞으로 로봇 산업 확대를 향한 투자는 이런 방향으로 추진될 것이다.

그리고 2015년 5월에는 책정한 로봇 신전략의 추진 모체인 '로봇혁명 이니셔티브 협의회'가 설립되었다. 이 조직에는 200개 이상의 기업과 단체가 참가하고 있어 참가기업 간에 정보공유나 매칭, 국제표준화 추진, 실증실험의 환경정비 등이 추가될 예정이다.

또 후쿠시마의 부흥을 뒷받침하는 정책의 하나로 현지에 로봇을 개발하고 실험하는 거점을 개설하기 위한 '후쿠시마·국제연구산업도시(이노베이션·코스트) 구상'이나 지방자치단체에서 자동비행·자동주행 등 신기술의 실험을 인정하는 특구를 설치함으로 지방 부흥과 산업진흥을 동시에 진행하는 '근미래기술실증특별검토회' 등의 정책으로 로봇 관련 기술의 개발과 실험이 진행될 예정이다.

아베 정권은 로봇산업 진흥을 경제재생을 향한 전략의 하나로 중요시해 앞으로도 이 분야에서 중점적인 예산 분배나 규제가 완화될 것으로 기대할 수 있다. 하지만 드론이나 로봇은 5장에서도 잠깐 이야기했듯이 다양한 영역을 횡단하는 성격이 강한 기술이다. 항공법이 개정되어 드론 활용을 뒷받침하는 하늘의 규칙이 정비된다고 해도 전파법이 종래 그대로라면 혹은 배송물품에 관한 규제 완화가 이루어지지 않고서는 드론의 힘을 완전히 발휘하지 못한다. 지금까지도 감독하는 부처 사이에서 원활하게 조정이 이루어지지 않아서 개발 중인 산업이 원활하게 진흥되지 않았던 사례가 존재한다. 전략을 제기하는 것만이 아니라 부처 간에 긴밀하게 연계를 이루어 빠르게 진행할 수 있는 환경을 마련하는 것이 바람직하다.

드론과의 경쟁

────

일본 정부는 노력이 성과를 거두어 드론을 비롯한 로봇 대국으로 발전하기를 기대하지만 한편으로 로봇이나 인공지능의 발전과 보급에 관해서 다른 감정을 품는 사람도 있다. 이런 기술의 등장으로 '내 일자리를 빼앗기는 것은 아닐까?' 하는 불안감이다.

19세기에 러다이트 운동(Luddite Movement : 산업혁명 때 노동자가 공장의 기계나 건물을 파괴한 운동)을 인용할 것도 없이 '자신의 업무가 새로운 기술에 의해 자동화된다'는 걱정은 옛날부터 존재했다. 그럼에도 사람이 하는 일은 계속해서 생겼고 기계가 모든 일을 빼앗은 사태는 발생하지 않았다. 물론 지금까지 기계가 대신하지 못한다고 믿었던 직종까지 자동화의 물결이 밀려든다는 점에서 최근의 상황이 예전과 다르긴 하다.

영국 옥스퍼드 대학에서 AI를 연구하는 마이클 오스본 교수는 「고용의 미래」라는 제목의 논문을 2013년 9월에 발표해 눈길을 끌었다. 마이클 교수는 이 논문에서 702종류의 직업을 예로 들어 미래에 컴퓨터가 그 직업들을 대신할 확률을 계산하여 순위를 개재하였다. 개재된 순위에 따르면 93개의 직업을 대체 가능률 95% 이상으로 제시했다. 그 가운데 콜센터의 오퍼레이터나 레스토랑의 셰프, 회계사, 보험 조정원 등의 직업이 포함되어 있다. 모두 현재는 사람만이 할 수 있는 일이다.

하지만 실제로 오스본 교수가 예측한 방향으로 나아가고 있다. 2015

년 미쓰이스미토모 은행은 IBM이 개발한 인지형 컴퓨터 '왓슨'을 콜센터에 도입하기로 했다. 콜센터에 모여드는 질문을 오퍼레이터가 키보드로 입력하면 왓슨이 자연언어 처리로 내용을 이해하여 대량으로 축적된 과거의 데이터에서 몇 가지 대답 후보를 끌어낸다. 대답의 정확도가 확률로 표시되고 오퍼레이터는 그것을 바탕으로 고객에게 대응하는 구조다. 이미 정답률이 80%를 넘었다. 물론 왓슨이라는 컴퓨터가 직접 고객과 대응하는 것은 아니다. 하지만 신기술에 의한 언어 처리는 급속하게 발전하여 사람의 음성을 문장으로 바꾸거나 데이터에서 자연스러운 문장을 뽑아내는 일이 이미 실용 단계에 들어섰다. 조만간 콜센터 업무의 대부분을 컴퓨터가 대신할 것이다.

드론의 경우 사람에게는 없는, 공중을 자유자재로 이동하는 능력이 있다. 또 카메라나 센서로 '보거나 듣거나' 하는 행위를 즉시 데이터화하여 더 큰 시스템과 연계하는 능력도 있다. 모기에 물려 병에 걸릴 염려도 없다. 지금보다 훨씬 강력한 AI가 클라우드 상에 구축되어 '생각하는' 작업을 보완할 수 있다면 초인적인 능력을 갖춘 드론을 적극적으로 현장에서 이용하자는 분위기가 고조될지도 모른다.

보험 조정에서 드론이 활용되기 시작했다고 2장에 소개했다. 드론을 사고나 재해 현장에서 날려 단시간에 재해 상황을 파악하면 보험료도 신속하게 지급된다. 현장에서 드론이 모은 정보가 실시간으로 클라우드에 집약되고 그것을 즉시 조정 AI가 처리하여 보상액을 확정하여 지급 처리로 연결한다는 시스템이 실현된다면 사람이 하는 업무 중 많은 부분이 자동화될 것이다. 담당자가 완전히 없어지지는 않더라도 이렇게 신속한 처리가 다른 보험회사와 차별화된다면 적극적으로 드론이나 AI로 업무를 대체하는 흐름이 생겨날 수 있을 것이다.

그렇다면 드론은 사람의 일자리를 빼앗기만 할까? 아마 그렇지는 않을 것이다. 1장에서 소개했듯이 국제무인기협회는 앞으로 미국 내에서만 10만 명의 고용이 발생할 것으로 예측한다. 그 가운데는 드론의 하드웨어나 소프트웨어를 만드는 일뿐만 아니라 드론의 활용에 관계된 일도 포함되어 있다. 드론에 의한 오퍼레이션이 원활하게 진행될 수 있도록 다양한 보완 작업을 담당하는 인력이 반드시 필요하다.

예를 들어 공작기계제조업체인 오쿠마는 2013년에 가동한 새로운 공장 'Dream Site 1'에 1일 24시간, 일주일에 7일 동안 쉬지 않고 작업하는 '궁극의 공장'을 목표로 다양한 산업용 로봇을 도입했다. 모든 작업을 기계가 대신하는 것은 아니고 로봇을 요소에 배치하거나 공구를 보충하는 등의 작업은 사람이 한다. 로봇이 하기에는 어려운 부분을 사람이 보충함으로 로봇이 쉬지 않고 일할 수 있는 환경을 만드는 것이다.

드론은 사람이 절대 갖출 수 없는 능력을 갖췄기 때문에 사람이 하는 일과 경합하는 것이 아니라 지금까지 불가능했던 작업을 가능하게 해줄지도 모른다. 어업에서도 배 위에 드론을 띄워놓고 카메라로 물고기 무리를 찾아서 조업 포인트를 찾는 방법을 고안하고 있다. 또 수중음파탐지기(sonar)를 탑재해 물속에서 물고기의 모습을 조사하여 스마트폰의 앱에 데이터를 보내는 워터프루프 드론까지 나왔다. 앞으로는 항속거리가 긴 드론을 날려 항구에 있으면서 물고기가 나올 것인지 아닌지를 판단하게 될 수도 있다. 그렇게 된다면 바다에 나가는 위험이나 비용이 줄어들어 지금까지 어업에 참가하고 싶어도 그러지 못했던 사람이 새롭게 참가할 기회가 늘어나게 될지도 모른다.

MIT 슬론 스쿨(Sloan School)의 에릭 브리뇰프슨과 엔드류 맥아피는 저서 『기계와의 경쟁』(*Race Against the Machine*)에서 인간과 기계가 경쟁하는(Race Against) 사회가 아닌 인간과 기계가 협력하여(다른 인간이나 기계팀과) 경쟁하는(Race With) 사회야말로 최고라고 언급한다. 실제로 체스에서 인간 체스플레이어와 기계 체스프로그램이 조를 이루면 가장 강력한 플레이어를 배출한다고 한다. 기계가 빼앗은 일을 다시 되돌려 받으려 하지 않고 기계와 함께 일하는 방법을 고안하여 그 가운에 사람이 할 역할을 새롭게 발견해야 한다.

이를 위해서는 교육에 투자해야만 한다고 브리뇰프슨과 맥아피는 주장한다. 새로운 사회에서 살아남기 위해서는 새로운 지식과 기술이 필요하다. 하지만 기술의 진화는 사회가 변화하는 속도보다 빨라 얼마 전에 익힌 지식도 금세 진부해지는 상황이 도래한다. 그 가운데 사람이 자신의 역할을 유지하기 위해서는 필요한 지식을 효율적으로 익히는 교육 인프라가 없어서는 안 된다.

4장에서 소개했듯이 지금 드론 비즈니스를 보완하는 가치사슬을 구축하려는 움직임이 활발하다. 드론을 조종하는 파일럿이나 드론이 관여하는 시스템을 운용하는 오퍼레이터를 육성하려는 시도도 그중 하나다. 또 드론으로 대량의 데이터를 수집하면 데이터를 처리하고 사용하기 쉬운 형태로 가공하거나 그 이면에 숨겨진 사실을 끌어내는 사람도 필요하다. 그런 인재를 교육하기 위한 투자도 필요하다.

자동차산업처럼 적절히 조합된 가치사슬은 큰 가치와 고용을 창출한다. '드론과의 경쟁'을 회피하고 반대로 '드론과 함께 경쟁'하여 많은 일자리를 창조하기 위해서는 드론을 토대로 산업이나 가치사슬을 구축해 나가는가에 관한 넓은 시각이 필요하다.

드론 업계의 핵심인물에게 묻는다

이즈미 다케키(泉岳樹)

슈도대학도쿄 도시환경학부 조교

지리정보과학, 도시기후학, 수치기상모델 분야에서 연구하는 한편
일찍이 UAV를 사용한 환경조사에 참여했다.
여러 곳의 피해지에서 UAV를 활용한 경험을 바탕으로 프로드론과 협력하여
고성능 레이저스캐너를 탑재한 기종을 개발했다.

상식은 10년이 지나면 바뀐다

Q : 지금까지 UAV로 어떤 피해지를 조사했습니까?

이즈미: 2014년만 해도 7월에 나가노 현 나기소 마을, 8월에 히로시마 현 히로시마 시, 9월에 온타케 산, 11월에 나가노 현 하쿠바 마을 등의 피해지 최전선에서 UAV를 운영했습니다. 상당히 긴박한 현장에서 드론을 날린 경험도 있습니다. 아직도 진행형인 피해지도 있어서 모아둔 데이터를 모두 공개하지는 않았습니다. 현장의 심각성은 일반인의 상상을 초월합니다. 그런 와중에라도 UAV는 큰 역할을 해낼 것으로 기대합니다. 지금 한창 UAV 규제에 관한 목소리가 높아지고 있습니다만 한편으로는 재해 현장에서의 활용을 보면 UAV가 큰 장점을 가졌다는 사실을 알 수 있습니다.

Q : 피해지뿐만 아니라 다양한 분야에서 UAV를 활용하고 있습니다만 이러한 활동을 통해 지향하는 점은 무엇입니까?

이즈미 : UAV와 관계하게 된 계기는 동일본대지진입니다. 3·11을 경험한 뒤 일본에 무엇이 필요한지에 대해 고민하다 장기적인 전망을 가지게 되었습니다. 원래 도시계획을 전공하여 도시의 모습이나 인간이 살아가는 방법, 생활방식을 연구해왔습니다만 UAV는 이것을 근본부터 바꿀지도 모른다고 생각합니다. 애초에 무선조종 헬리콥터의 설계제작으로 유명한 프로드론의 스가키(프로드론 기술총괄)와의 관계가 시작된 것도 그런 생각에서였습니다. 내가 UAV 활용 현장에서 얻은 데이터를 피드백하면 프로드론은 멀티콥터 UAV를 점점 새롭게 개발해주었습니다. 그러는 가운데 스가키와 예전부터 알고 지내던 고노 사장(프로드론 대표이사 사장)이 새롭게 UAV 전용 제조업체를 설립하겠다고 나서서 스가키에게 설계 제작을 의뢰하고 공동개발해온 레이저 측량용 특수 UAV를 프로드론에서 발매하게 되었습니다.

예전의 UAV는 군사용으로 사람을 해치는 도구였습니다. 일반적으로 '드론'이라면 살인 병기를 상상하는 사람이 많아서 개인적으로는 그 단어를 사용하지 않습니다. 그런 의미에서 '드론'은 규제해야만 할 대상입니다만, 한편으로 기술력을 보유한 나라로서 일본이 세계무대에서 무언가를 내놓을 수 있는 분야라고도 생각합니다. 단 일본은 소프트웨어 쪽이 약해서 성공하기 위해서는 소프트웨어를 포함한 시스템으로서 즉 UAS(Unmanned Aircraft Systems: 무인항공기 시스템)로서 개발해나가야 합니다. 이런 UAS를 일본발 인프라로 세계에 유출하는 것도 좋을 듯합니다. 모든 일본인이 나설 필요는 없고 지혜를 가진 사람의 머리를 빌리면 되겠지요. 단 UAV를 현장에서 활용하고 또 프로드론과 UAV 개발을 통하여 느낀 점은 물건을 개발한다는 관점에서 '일본에서만 만들 수 있는 것이 있다'는 점입니다. 그런 일본에 특화된 부분에 공헌하면서 최종적으로는 UAS를 통해 도시의 바람직한 모습이나 생활방식의 전환을 지향하고 있습니다. 도시의 모습이나 공간의 모습, 공간 관리의 방법, 그리고 궁극적으로는 사회를 어떻게 구성해야 하는가 하는 관점입니다. 그 가운데 무인기는 어떤 위치를 차지해야 하느냐를 다양한 활동의 근간으로 상정하고 있습니다.

Q : UAV를 통해서 사회는 어떻게 변한다고 생각합니까?

이즈미: 지금 '하늘의 산업혁명'이라는 말을 모호하게 사용하고 있지만, 구체적인 모습이나 어떻게 실현되어 가는지까지 머릿속에서 구상하고 있습니다. 저는 앞으로 올 사회의 모습을 '4차원 혁명'이라고 부릅니다.

인간이 살아가는 세계는 '가로·세로·높이'의 3차원입니다만 실은 인간은 '높이'에 별로 자유롭지 않습니다. 공간정보과학 분야에서는 그것을 '2.5차원' 등으로 표현합니다. 건물이 전형적입니다만 우리가 2층이나 3층에 있어도 공중에 떠 있는 것이 아니고 어디까지나 바닥이나 엘리베이터, 에스컬레이터 등 일부분에서만 자유롭게 움직일 수 있습니다. 따라서 '2.5차원'이 되지만 소형화되고 고도의 플라이트 컨트롤을 가진 최근의 UAV는 본래의 의미 그대로 '3차원'적으로 움직일 수 있습니다.

또 한 가지 포인트는 야간비행입니다. 물론 유인기도 마음먹으면 날릴 수 있지만, 자유로움이라는 관점에서 생각하면 제약이 큽니다. 하지만 무인기의 경우 GPS도 사용하지 않고 레이저로 스캔하여 주위 상황을 파악하여 나는 단계까지 도달했습니다. 즉 밤낮 관계없이 날릴 수 있게 되었기에 정기적으로 비행하여 시계열 데이터를 모을 수 있습니다. 그러면 시간여행까지는 무리라고 해도 '시간'에 대한 자유도가 높아집니다. 3차원에 '시간'이라는 방향이 더해지면 4차원이 되어, 즉 '4차원 혁명'이 됩니다.

4차원적인 관리가 가능하면 도시의 모습이 바뀝니다. 도시 설계의 큰 부분을 차지하는 것이 '사람의 이동'이나 '물건의 이동'이 어느 정도 가능한가 하는 점입니다. 예를 들어 가스미카세키나 오테마치에 얼마나 더 건물을 지어도 좋은지는 그곳과 연결되는 교통량이 어느 정도인가에 따라 달라집니다. 그리고 지금까지 교통량에 큰 영향을 준 것이 도로나 공공교통기관이었습니다만 그것은 2.5차원적인 관점에서이고 4차원적으로 관리할 수 있다면 도시의 모습이나 살아가는 방법은 크게 달라집니다.

Q : 그러한 'UAV에 의한 4차원 혁명'을 실현하기 위해서는 무엇이 필요합니까?

이즈미 : 많은 사람들이 일본의 도시를 전제로 논의하고 있지만, 일본에 국한할 필요는 없다고 생각합니다. 예를 들면 도쿄는 상당히 과밀한 도시여서 도쿄에서 UAV를 운용하려면 많은 문제를 해결해야만 합니다. 또 시장이라는 관점에서도 도쿄와 같은 규모를 가진 도시는 세계에서도 그리 많지 않습니다.

사람이 밀집하여 사는 곳은 그 나름의 장점은 확실히 있습니다. 하지만 정도가 지나치면 문제가 더 커집니다. 한편 에너지의 경우는 분산형 전원을 사용하는 등 분산해서 사는 방식이 현실적입니다. 단 밀집해서 살지 않는 경우에는 이동이 문제가 됩니다. 물건은 이동시키지 않으면 안 되고 또 사람은 자기 자신도 이동하고 싶어 하는 생물입니다. 그렇게 되면 도로라는 인프라를 정비해야 하는 등 2.5차원적인 이야기가 되는데 사실 자동차는 불편한 이동수단입니다. 그것보다도 UAV 같은 모빌리티로 사람이나 물건을 이동시키는 방법이 편리합니다. 그리고 그것을 활용하는 시스템 즉 UAS는 대기업이 본격적으로 투자하여 개발한다면 몇 년 안에 가능하다고 생각합니다.

대도시를 없애자는 이야기가 아닙니다. 대도시 밖에서 사는 사람들도 풍요롭게 생활할 수 있어야 한다는 의미입니다. 이런 이야기가 황당무계하다고 여길지 모르지만, 세상 사람들이 말하는 상식이란 것은 10년 지나면 바뀝니다. 내가 환경문제에 뛰어들기 시작했을 무렵에도 '환경을 논하다니 독특하다'라는 말을 듣곤 했습니다.

지금 아마존이나 DHL에 의한 드론 배송이 '선진적인 사례'라고 추켜올리지만, 그것을 보고 무엇을 읽어내야 할까요? 예를 들면 미국은 뉴욕 등의 대도시가 있다고 해도 사람들이 분산형으로 주거하고 있는 나라입니다. 그래서 드론으로 물건을 배송한다는 발상이 나온 것입니다. 그런 사례에서 도시의 모습이나 생활방식을 간파해야 한다고 생각합니다.

(2015년 6월 1일 취재)

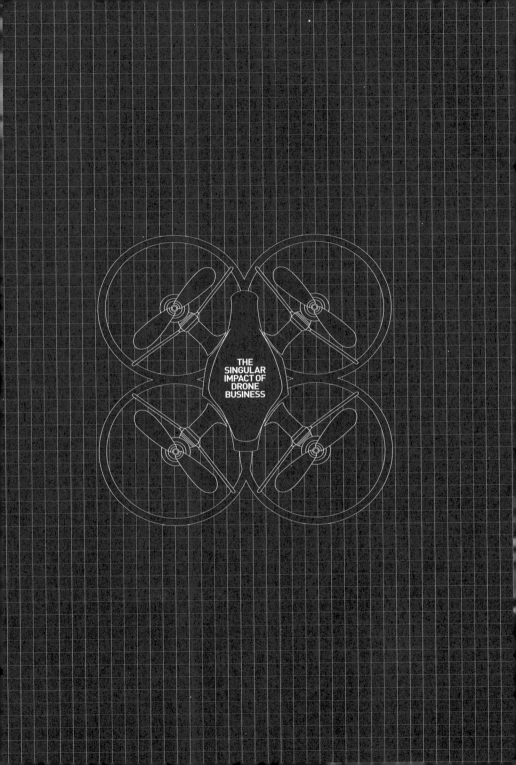

THE
SINGULAR
IMPACT OF
DRONE
BUSINESS

하늘을 나는 당나귀

커다란 귀와 독특한 울음소리를 가진 당나귀. 작지만 튼튼하며 다루기 쉽고 지칠 줄 몰라 많은 물건을 싣고 이동할 수 있다. 당나귀가 가축화된 것은 지금으로부터 5,000~6,000년 정도 전이다. 그 이후로 전 세계에 보급되어 화물배송용이나 승용으로 사육되어왔다. 당나귀는 말보다 걸음은 느리지만 황무지나 산길을 어렵지 않게 답파할 수 있다. 그 힘은 현대에도 기계를 능가하는 경우가 있어 실제로 2001년 아프가니스탄에서 미군 특별부대가 당나귀를 이용하여 화물을 옮겼다. 뛰어난 운송 능력을 갖춘 당나귀는 가축화된 지역에서 사람의 경제활동을 확대해주는 원동력이 되었다.

캘리포니아 대학 산타바버라캠퍼스 인류학 명예교수 브라이언 페이건은 그의 저서 『친밀한 유대』(*The Intimate Bond*)에서 "당나귀의 이용이 세계 글로벌화의 도화선이 되었다"라고 논하고 당나귀를 이용한 장거리운송으로 지중해 지역에서 세계 최초의 국제무역이 행해지게 되었다고 분석했다.

그로부터 수천 년의 세월이 흘러 지금은 기계 가축이 다시 인간사회를 바꾸려고 한다. 바로 드론의 등장이다. 드론도 당나귀와 같이 인간에게 새로운 운송능력을 가져다주었다. 소형이지만 다루기 쉽고 하늘이라는 미개척 공간을 이용해 어떤 장소에도 물건을 옮길 수 있다(커다란 소리를 내는 점도 닮았다). 드론 배송이 일반화되면 사람이 살 수 있는 지역이 확대될 수도 있다.

과장이 아니다. 아프리카의 케냐는 20kg이라는 비교적 무거운 화물을 옮기는 드론을 개발하여 국내의 유통 시스템을 바꾸려고 한다. 그 이름도 '플라잉 동키·챌린지'이다.

'챌린지'라는 이름에서 알 수 있듯이, 참가팀을 모아 경쟁시키는 콤페티션 프로젝트로 스위스 로잔공과대학과 스위스 왕립로봇연구센터가 공동으로 주최하였다. 참가자에게 요구하는 최종 목표는 2020년까지 20kg의 화물을 신고 50km를 1시간에 비행할 수 있는 드론을 만드는 것이다. 프로젝트는 2012년에 개시되어 세계 각국에서 33개 팀이 참가 의사를 표명했지만, 케냐 정부 내의 혼란으로 승인이 늦어져 아쉽게도 2014년 7월 30일에 일단 연기한다고 발표했다.

챌린지가 시작되기도 전에 차질이 생겼지만 이 계획은 단순히 기체개발이 목적은 아니었다. 2020년까지 배송용 드론을 실용화하여 2025년에는 여러 나라에 걸쳐 '드론 배송 네트워크'를 구축하고 지역 커뮤니티를 형성하여 새로운 고용을 창출하고 인터넷 판매의 보급을 목표로 한다고 선언했다.

'들어가며'에 소개했듯이 매터넷처럼 드론 배송 네트워크를 구축하려는 조직이 존재한다. 언젠가 진짜 당나귀와 마찬가지로 쉬지 않고 화물을 운반하는 드론이 전 세계에 보급될지도 모른다.

드론을 활용하는 사회를 향하여

당나귀는 다양한 비즈니스를 만들어냈다는 점에서도 드론의 선배다. 예를 들면 고대 이집트에서는 당나귀를 대여하는 비즈니스가 있었다고 한다. 또 당나귀를 가축화하는 과정에서 다루기 쉽도록 차차 소형화되었다는 점도 드론을 방불케 한다. 그만큼 당나귀가 인간사회에서 완벽하게 활용되어왔다는 증거다.

그런데 세계에서 유일하다고 할 정도로 당나귀가 가축으로 보급되지 않은 지역이 있다. 바로 일본이다. 이웃 나라 중국에는 전 세계에서 사육되는 당나귀의 3분의 1이 있었으니(드론도 그렇다고 말할 수 있다), 지역적으로 생식 환경이 다른 것은 아니다. 또 『일본서기』(日本書紀)에 '599년 희귀한 동물을 백제가 선물했다'는 기록이 남아 있으니 일본에 들여오지 않았던 것도 아니다. 왜 정착되지 않았는지는 아직도 확실하지 않다.

2001년에 아프가니스탄에서 미군이 사용했다고는 해도 당나귀를 일상적으로 활용하는 시대는 지났다. 따라서 지금부터 당나귀를 보급할 필요는 없지만 드론은 그렇지 않다. 전 세계에 보급되었는데 어느 날 정신을 차려보니 일본만 뒤처져 있다면 드론이 가져올 많은 가치를 놓치게 된다.

게다가 그것은 드론만으로 끝나는 이야기가 아니다. 6장에서 소개했듯이 드론은 앞으로 도래할 로봇사회의 선구자가 될 가능성이 있다. 드론의 도입과정에서 시행착오를 겪고 사회적 논의를 거쳐 확립해야 할 '자율적인 기계를 최대한 활용하여 리스크를 최소한으로 억제하기 위한 장치'가 어떤 형태로든 로봇 전체에 적용될 것이다. 드론 활용이 뒤처지게 되면 로봇 활용에도 뒤처지게 된다고 생각한다.

다행히 취재를 통해 일본에서도 드론을 활용하려는 움직임이 있다는 사실을 알 수 있었다. 대중매체에서는 어떻게든 충격적인 사건을 강조하려고 하기에 보도만 보고 있으면 마치 당장에라도 드론의 운용이 금지될 듯한 인상을 받는다. 실제로 드론의 위험성을 줄이려고 다양한 규제를 만들려는 움직임이 있고 어느 정도의 규제는 반드시 필요하다. 하지만 한편으로는 드론의 산업적인 가치를 인정하여 적극적인 활용을 권장하는 움직임도 있다. '근미래기술실증특구' 같은 대응은 그 일부에 지나지 않는다.

일부에서 드론 활용에 적절한 대처를 하고 있다는 사실을 인정하면서도 일본과 해외의 드론 기술의 차가 갈수록 벌어지고 있는 현실을 지적하는 목소리도 들린다. 4장에서 소개했듯이 물리적인 기체인 드론의 개발은 실제로 날려서 데이터를 모으는 과정을 반드시 거쳐야 한다. 하지만 일본에서 정식으로 드론 비행시험장으로 사용하는 시설은 한 곳밖에 없다. 그것도 충분히 넓지 않다. 도쿄대학 스즈키 신지 교수가 진행하고 있는 드론 개발에 필요한 정보를 집약·공유할 수 있는 장치를 만드는 것도 중요하다. 데이터가 경쟁력의 원천이 되는 비즈니스에서는 가능한 한 많은 데이터를 빨리 모으는 쪽이 유리하다. 그런 의미에서 일본은 더 신속하게 행동해야 한다.

아마존이 규제 완화가 순조롭게 진척되지 않아서 드론 배송을 위한 시험을 미국 내에서 포기하고 캐나다나 영국에서 실시하고 있듯이 해외로 눈을 돌리는 기업이 늘어날지도 모른다. 드론 배송 네트워크와 같이 기존 사회 인프라가 존재하지 않는 지역이 오히려 새로운 방법을 검토하기 쉬울 수도 있다. 또 브라질처럼 국내의 자연자원을 파괴하지 않는 배송 인프라를 구축하기 위해 드론 배송에 큰 기대를 거는 지역도 있다.

이러한 이유로 취재에 응해준 관계자 가운데는 처음부터 해외시장으로 눈을 돌리고 있는 사람도 있었다. 특히 해외에서 앞서가는 분야인 만큼 좀 더 수준 높은 곳에서 도전하고 싶다는 생각을 하는 듯했다. 어디서 누구와 경쟁하든지 간에 속도와 규모를 중시하여 움직이는 것이 드론비즈니스의 성패를 좌우하는 중요한 요소라고 생각한다.

파키스탄에서는 스즈키 자동차를 '당나귀'라고 부른다고 한다. 스즈키 자동차 회장인 스즈키 아사무(鈴木修)의 말에 따르면 파키스탄에서 오랫동안 운송의 주역이었던 당나귀를 스즈키 자동차가 대신하기 때문이라고 한다. 일본에서 태어난 드론이 '당나귀'라고 불리며 사회의 모습을 크게 바꾸는 존재가 되는 날이 오기를 바란다.

감사의 말

THE SINGULAR
IMPACT OF
DRONE BUSINESS

'거인의 어깨에 올라탄다'는 표현이 있다. 앞서가는 사람의 발견이나 지식을 기반으로 하여 새로운 개념을 깨우친다는 의미. 17세기에 아이작 뉴턴이 한 말로 알려졌지만 실은 비슷한 표현을 12세기까지 거슬러 올라가면 찾을 수 있다. 뉴턴 스스로 '거인의 어깨에 올라탄' 셈이다.

이 책도 마찬가지다. 만약 독자 중 누군가가 어떤 발견을 하게 되었다면 그 발견에 관계한 여러 사람의 지혜를 빌릴 수 있었기 때문이다. 그런 의미에서 이 책의 집필이나 취재에 협력해주신 분들에게 두서가 없지만 감사 인사를 전한다. 도쿄대학원 스즈키 신지 교수, 주식회사 버드맨의 고바야시 다케루 최고기술책임자, 미카와야21 주식회사의 고이부치 미호 대표이사, 세콤 주식회사의 야스다 미노루 부장, 산업기술종합연구소의 이와타 가쿠야, 고바라 가즈쿠니, 주에 주식회사의 야마자키 유이치로 사장, 주식회사 프로드론의 고노 마사카즈 사장, 슈도대학도쿄의 이즈미 다케키 교수, 아사히신문출판 관계자분들께도 깊은 감사를 전한다.

그리고 집필하는 동안 따뜻하게 지켜봐 준 가족에게 감사의 마음을 전하고 싶다. 아내와 두 딸 그리고 토끼, 고양이, 열대어. 모두 크기는 작을지 모르지만 나에게는 거인과 같은 버팀목이 되어주었다. 진심으로 감사의 마음을 전한다.

찾아보기

**THE SINGULAR
IMPACT OF
DRONE BUSINESS**

고바야시 아키히토(小林啓倫)

1973년 도쿄 출생. 현재 히타치컨설팅 경영 컨설턴트.

돗쿄(獨協)대학을 졸업하고, 쓰쿠바(筑波)대학 대학원을 수료했다.

시스템 엔지니어로 경력을 쌓은 후 미국 밥슨 대학에서 MBA를 취득했다.

그 후 외국계 컨설팅 펌, 벤처기업을 거쳐 2005년부터

히타치컨설팅에서 일하고 있다. 『재해와 소셜미디어』『AR 확장 현실』

『3D 프린터의 사회적 영향을 고찰한다』 등의 책을 썼고,

『웹은 구글로 진화한다』 등 다수의 번역서를 냈다.

배성인 옮김

일본에서 4년간 머물면서 일본어와 일본 문화에 푹 빠져 지냈다.

그중 3년은 요리 교실에 다니면서 구하기 쉬운 재료로 만든,

재료의 본 맛을 살린 담백한 일본식 가정 요리를 배웠다.

『밥상이 간단할수록 저칼로리 국물요리』『자투리 채소 레시피』,

요시카와 에이지의 『삼국지』를 공역했다.

드론 비즈니스

고바야시 아키히토 지음
배성인 옮김

초판 1쇄 인쇄 2015년 12월 28일
초판 1쇄 발행 2016년 1월 5일

발행처 | 안테나 (도서출판 마티)
출판등록 | 2013년 11월 12일
등록번호 | 제2013-000347호
발행인 | 정희경
편집장 | 박정현
편집 | 서성진
마케팅 | 최정이

주소 | 서울시 마포구 동교로 12안길 31 2층 (04029)
전화 | (02) 333-3110
팩스 | (02) 333-3169
이메일 | antennabooks@naver.com
블로그 | http://blog.naver.com/matibook
트위터 | twitter.com/antennabook

ISBN 979-11-86000-25-0 (03320)
값 15,000원